"Machen Sie Pause auf Ihrer Tour, sehen Sie die Landschaft
durch Ihren alten Splitscreen oder Baywindow, wählen Sie eine
Route zu unbekannten Zielen, probieren Sie neue Geschmäcker
und treffen Sie alte und neue Bekannte"

INHALT

 Mit Fotografien von Lelle Hannu und Steve Rooker. Einige Fotos zum *VW Bulli Kochbuch* stammen aus dem Besitz von Fahrzeughaltern, mit deren freundlicher Genehmigung. Einige Bilder wurden an uns ohne jegliche Information über die Quelle weitergegeben und mit den besten Absichten und in gutem Vertrauen veröffentlicht. Die Macher von *VW Bulli Kochbuch* entschuldigen sich ausdrücklich für unbeabsichtigte Fehler oder Auslassungen, die in zukünftigen Ausgaben dieses Buches korrigiert werden. Layout und Gestaltung: Lennart Hannu und Steve Rooker, Kombi-Nation Sweden AB. Schriftart: Bliss. *Das VW Bulli Kochbuch* wurde in der EU gedruckt von Tallinna Raamatutrükikoja OÜ, Tallin, Estonia. Papier: 150 g Arctic Silk. Siebter Druck/2.000 Kopien. • www.vwbullikochbuch.com • www.vwcampercookbook.com • www.kombi-nation.se ISBN 978-91-633-5115-0

Steve Rooker Susanne Rooker Lennart Hannu

DAS ORIGINAL

VW BULLI KOCHBUCH

Liebe VW-Bulli Fans!

Die Zeit ist gekommen, um am Drive-trough vorbeizufahren! Finden Sie Ihren perfekten Platz und erleben Sie Gastronomie in den Weiten der Natur. Die Seiten dieses VW Kochbuchs enthalten einen ultimativen Kochratgeber für Bulli-Fans, aber auch Sicherheits- und Aufbewahrungstipps sowie ein paar Angaben über das notwendige Kochgeschirr. Ganz unabhängig davon, welchen VW-Typ Sie fahren, einen bissigen Split Panel oder einen showreifen Samba, nichts hindert Sie daran, mit unseren maßgeschneiderten, einfachen und inspirierenden Campingrezepten ihre Kochkünste so richtig zu entfalten.

Erleben Sie relaxtes Bulli-Feeling, gemeinsam mit Freunden und Familie. Fuß vom Gas, nehmen Sie es locker und mit Humor!

Fahren Sie einfach vorbei...

Wohnmobil Sicherheit und Aufbewahrung

SICHERHEIT IST NR. 1

Denken Sie an die Sicherheit, bevor Sie draußen im Grünen mit dem Kochen in Ihrem liebevoll gepflegten Bulli beginnen. Schützen Sie Ihren Bulli so, dass Sie eventuelle Störfälle in den Griff bekommen können.

Feuer ist das, was wir alle fürchten und das Letzte, was wir sehen wollen, ist Ihr schöner Bulli in Flammen – und dies kann leider recht schnell geschehen. Sie sollten also unbedingt einen guten Feuerlöscher in Ihrem Besitz haben. Fahren Sie nicht ohne Feuerlöscher von daheim weg und bewahren Sie ihn an einer schnell zugänglichen Stelle auf. Feuerschutzmatten sind auch eine gute und billige Zusatzlösung und benötigen wenig Platz.

Eine weitere wichtige Sache, bevor Sie auf die Reise gehen, ist eine gut gefüllte Erste-Hilfe-Tasche. Prüfen Sie auch Ihre Gasschläuche an allen Enden. Diese können altern, brechen und porös werden.

Zu guter Letzt – vergessen Sie nicht, ausreichend Gas für die Reise mitzunehmen.

VERSCHLIESSBARE TÜTEN

Großartig zum Trockenhalten von Lebensmitteln wie Reis oder Pasta und zum Marinieren von Fleisch. Diese Tüten füllen Hohlräume in Fächern und Schubladen viel besser aus als Originalpakete oder Plastikdosen.

PLASTIKDOSEN MIT DECKEL

Bestimmte Zutaten sind druckempfindlich und ungeeignet für Tüten, Sie brauchen einen harten Behälter.

MINI-FLASCHEN

Diese kleinen Flaschen passen prima zum Aufbewahren von Ölen, Dressing und Soßen. Sie finden immer die jeweils passende Größe für Ihren Bedarf.

Wichtige Kochausrüstung

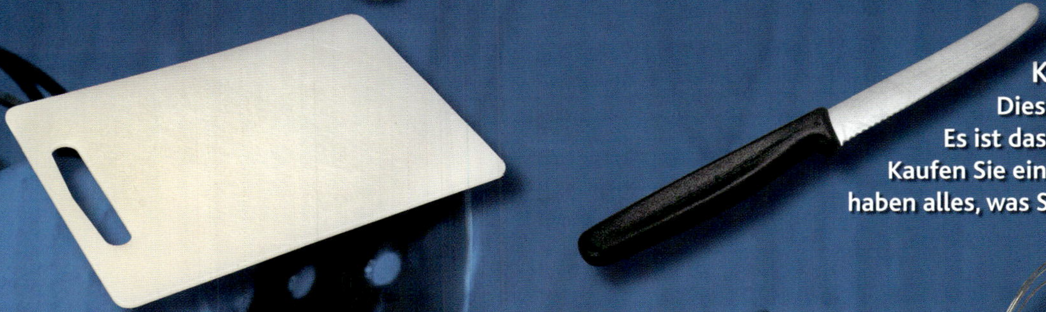

KÜCHENMESSER
Dies ist ein Messer der Marke Victorinox. Es ist das ultimative Allround-Küchenmesser. Kaufen Sie eines dieser vielseitigen Messer und Sie haben alles, was Sie brauchen.

PVC-SCHNEIDEBRETT – Glauben Sie bitte nicht, dass ein kleines Brett genügt. Sie werden davon nur frustriert. Wählen Sie eine gut nutzbare Größe. Die Bretter sind dünn, leicht und einfach zu verpacken.

KLEINGERÄTE
Schneebesen, Kelle, Zangen, Löffel und Dosenöffner.

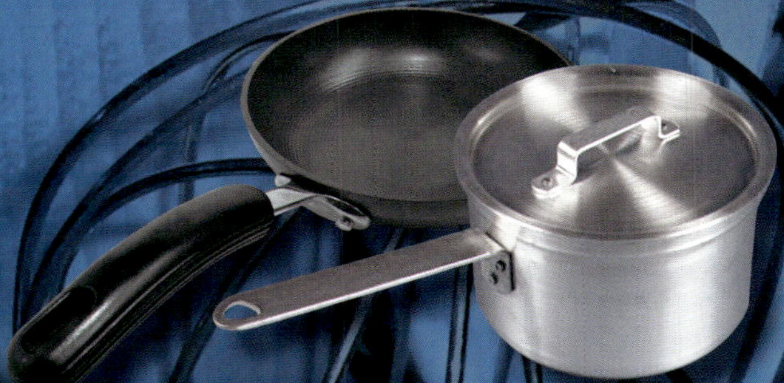

TÖPFE – Normal haben Sie nur wenige Feuerstellen im Standard-Bulli, also kein Grund, mehr als drei Töpfe mitzunehmen. Ein Brattopf und zwei Soßentöpfe mit Deckel. Wenn Sie beschichtete Töpfe kaufen, halten Sie die Kücheausrüstung beim Packen geschützt, so dass die Beschichtung nicht zerstört wird.

PLASTIKSCHÜSSEL
Nützlich zum Sahneschlagen, Salat mischen und am Ende des Tages leicht abzuspülen.

METALLFOLIE IM PAKET

METALL- ODER HOLZSPIESSE

Nehmen nicht viel Platz, eignen sich prima für Grillfleisch und Gemüse. Wenn Sie die Holzspieße vorher eine Stunde ins Wasser legen, brennen sie nicht so leicht an.

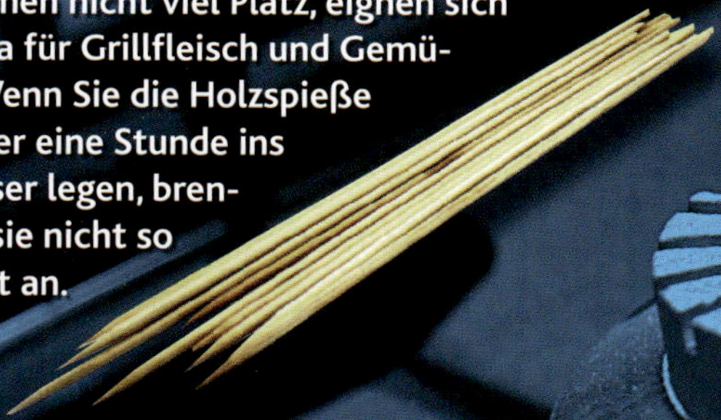

BARBECUE

Einweggrills bieten viele Verwendungsmöglichkeiten. Sie sind sehr preiswert, leicht anzündbar und können unterwegs gekauft werden. Aber in jedem Fall ist die bessere Lösung ein Trommelgrill, Rundgrill oder Koffergrill. Am allerbesten ist jedoch die Variante mit einer Dunsthaube. Das Reinigen eines Grills kann mühsam sein. Machen Sie es sich leicht, verpacken Sie den Grill nach dem Abkühlen in einen geräumigen Plastiksack und putzen Sie ihn, wenn Sie heim kommen.

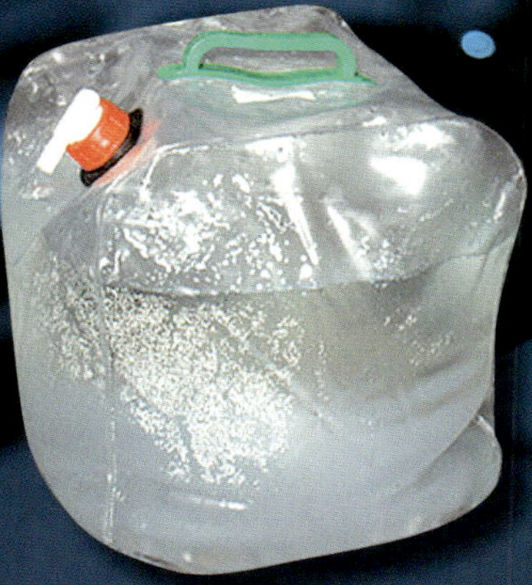

WASSERBEHÄLTER

Die faltbaren Behälter sind für den Bulli am besten geeignet. Sie können flach und platzsparend gelagert werden.

SPÜLMITTEL

Füllen Sie ungefähr so viel Spülmittel in eine kleinere Flasche um, wie Sie für die Reise brauchen. Nehmen Sie nicht die ganze Flasche mit. Sie nimmt nur zu viel Platz weg.

PUTZSCHWAMM

Putzschwämme sind Spülbürsten vorzuziehen, da sie weniger Platz in Anspruch nehmen. Vereinfachen Sie das Abspülen, indem Sie die schmutzigen Töpfe gleich nach der Benutzung mit Wasser und Spülmittel füllen. Die verbleibende Hitze von Topf und Herd hilft, das Spülmittel besser zu Wirkung zu bringen.

Suppen und Salate

Sonnige und diesige Tage – fahren Sie an den Strand, sitzen Sie im Schatten oder fangen Sie ein paar Sonnenstrahlen ein und essen Sie draussen einen schmackhaften Sommersalat. Und sollten Sie drinnen sitzen und es gerade in Strömen regnen, dann ist es vielleicht Zeit für eine heisse Suppe, etwas Radio hören, ein Buch aufschlagen oder an einer Aussichtsstelle parken und die Wellen herein rollen sehen.

Avocadosalat

Kleingeräte
Schüssel
Bratpfanne

ZUTATEN (2 Portionen)

3 Scheiben Räucherspeck oder Pancetta
1 gekochte Hühnerbrust
1 Essl. Olivenöl
Gemischte Salatblätter
2 reife Avocados, halbiert und vom Kern befreit

DRESSING (2 Portionen)

6 Essl. extra feines Olivenöl
1 Essl. Apfelessig
1 zerkleinerte Knoblauchzehe
1 Teel. Dijon-Senf
Salz und Pfeffer

Tipp: Woran man reife Avocados erkennt!

-Drücken Sie nicht Ihren Daumen hinein, sondern klemmen Sie die Avocado vorsichtig in der Handfläche. Gibt sie ein klein wenig nach, dann ist sie reif.

ZUBEREITUNG

Braten Sie den Speck/Pancetta im Öl knusprig. Schneiden Sie die gekochte Hühnerbrust in kleine Stücke. Legen Sie die Salatblätter in die Schüssel, die geschnittenen Avocadostreifen darüber und garnieren Sie mit Bratspeck und Hühnerfleisch.

Für das Dressing:
Geben Sie alle Zutaten in die Schüssel. Mixen Sie die Zutaten mithilfe eines kleinen Schneebesens oder einer Gabel. Dies kann daheim schon vorbereitet und in eine Miniflasche gefüllt werden. Geben Sie das Dressing erst kurz vor dem Servieren dazu.

Rikki James gibt diesem Barndoor-Samba von 1954 richtig Gas! Und das würden Sie wollen, wenn Sie einen 914er Porschemotor von 2,6 l mit einer 911 5er Speed-Porsche Kiste hätten! Dieser Bus war der erste, der die 18-Sekunden Marke passiert hat! Sehen Sie es bei www.buseswithattitude.co.uk

Griechischer Salat

Kleingeräte

Schüssel

ZUTATEN (2 Portionen)

Gemischte Salatblätter
½ rote Zwiebel
Tomaten
1 grüne Paprika
100 g Fetakäse
Schwarze Oliven
(Kalamata sind die besten!)

(Dressing: Seite 134)

ZUBEREITUNG

Schneiden Sie die Zwiebel in Ringe. Würfeln Sie den Fetakäse und schneiden Sie die Paprika in kleine, dreieckige Stücke. Mischen Sie alle Zutaten zusammen und ringeln Sie etwas Kräuteröl darüber.

Der italienische, 13-fenstrige Bulli von Darren Wilson, 1964.

Caesarsalat

Kleingeräte
Bratpfanne
Schüssel

ZUTATEN (2 Portionen)

1 Hühnerbrust
Gemischte Salatblätter
Parmesan
Croutons

DRESSING

1 Tasse Mayonnaise
1 Essl. Orangensaft
1 Essl. Worcestershire-Soße
1 zerkleinerte Knoblauchzehe
Salz und Pfeffer
2 Essl. gehobelter Parmesankäse
etwas Milch

ZUBEREITUNG

Mixen Sie das Dressing mit allen Zutaten zusammen. Braten oder grillen Sie das Geflügel. Schneiden Sie das Geflügel in mundgerechte Stücke. Legen Sie die Salatblätter in eine Schüssel. Geben Sie gehobelten Parmesan, Croutons und das Geflügel hinzu. Geben Sie Dressing hinzu und verteilen Sie alles gut miteinander. Servieren Sie den Salat mit frischem Brot.

Jeff Ashmans Westfalia Berlin von 1977.

Linsensuppe

Kleingeräte
Großer Topf

Håkan Nordin aus Stockholm sieht man oft auf den schwedischen Landstrassen in seinem 21-Fenster Samba von 1965.

ZUTATEN (2 Portionen)

½ Tasse (100 ml) getrocknete, rote oder grüne Linsen
2 Tassen (500 ml) Wasser
1 Brühwürfel vom Huhn
1 Zwiebel
1 Essl. Öl
1 Teel. Paprika
1 Dose gehackte Tomaten
1 Kartoffel
2 Essl. Tomatenmark
1 Knoblauchzehe
Salz und Pfeffer

ZUBEREITUNG

Würfeln Sie die Zwiebel und braten Sie sie mit dem gehackten Knoblauch in Öl. Geben Sie Paprika hinzu, danach Wasser, Brühwürfel, Linsen und zuletzt die Tomaten. Bringen Sie alles zum Kochen. Lassen Sie die Suppe 15 Minuten lang köcheln. Inzwischen schälen und würfeln Sie die Kartoffel und geben diese nach den ersten 15 Minuten hinzu. Lassen Sie alles noch 10-15 Minuten weiter köcheln, bis die Kartoffel gar ist. Schmecken Sie mit Tomatenmark, Salz und Pfeffer ab.

Frischer Kartoffelsalat

Kleingeräte

Schüssel

ZUTATEN (2 Portionen)

5 frische, gekochte Kartoffeln
1 kleine Zwiebel
1 Essl. Olivenöl
½ Essl. Rotweinessig
Schnittlauch
Rucola oder Rapunzel-Salat

ZUBEREITUNG

Schneiden Sie die Kartoffeln in Scheiben und schneiden Sie die Zwiebelringe. Mischen Sie Öl mit Essig und träufeln Sie die Vinaigrette auf Kartoffeln und Zwiebeln. Geben Sie den Salat und zum Schluss den gehackten Schnittlauch dazu.

Bill und Diane Stagg vermieten diesen coolen Late Westy in Kalifornien. Finden Sie diesen Bus und noch mehr bei www.vwsurfari.com

Skandinavische Fischsuppe

Kleingeräte
Großer Topf

ZUTATEN (2 Portionen)

1 kleine Zwiebel
1 Möhre
2 Kartoffeln
1 Essl. Olivenöl
1 ½ Essl. konzentrierter Fischfond
2 Tassen (500 ml) Wasser
½ Tasse (100 ml) Crème Fraiche
1 Essl. Tomatenmark
10 g Safran
Ungefähr 15 Kirschtomaten
250 g Fischfilet nach Ihrer Wahl
(Lachs, Dorsch, Seehecht und Scholle eignen sich gut)

ZUBEREITUNG

Würfeln Sie die Zwiebel. Schälen Sie die Möhren und Kartoffeln und schneiden Sie sie in dünne Scheiben. Braten Sie Zwiebel, Möhren und Kartoffeln einige Minuten in Olivenöl an.

Geben Sie Fischfond und Wasser hinzu. Kochen Sie die Suppe auf und lassen Sie sie ungefähr 10 Minuten köcheln. Geben Sie Crème Fraiche, Tomatenmark und Safran hinzu. Lassen Sie alles noch ein paar Minuten köcheln und schmecken Sie ab. Halbieren Sie die Kirschtomaten und geben Sie sie zur Suppe. Schneiden Sie den Fisch in mundgerechte Stücke und geben Sie diese zur Suppe.

Lassen Sie alles vorsichtig 5-6 Minuten köcheln. Dazu passt ein hübsches Stück Krustenbrot mit Butter.

Hier sehen Sie Roberts Westfalia beim Durchqueren des Yellow Stone Nationalparks, USA.

Tomaten- und Thunfischsalat

Kleingeräte

Kleiner Topf

ZUTATEN (2 Portionen)

2 Eier
2 Fleischtomaten
1 Zwiebel
1 Dose Thunfisch (Wasser)
Salz und Pfeffer

DRESSING:

2 Essl. Apfelessig
4 Essl. Olivenöl
Eine Prise Zucker
Basilikum

ZUBEREITUNG

Das Dressing: Bereiten Sie es im Voraus zu und füllen Sie es in Miniflaschen. Kochen Sie das Ei hart. Schneiden Sie Tomaten und Zwiebeln in Scheiben. Lassen Sie den Thunfisch abrinnen. Legen Sie die Tomaten und Zwiebeln auf einen Teller. Legen Sie den Thunfisch auf die Tomaten und Zwiebeln. Schälen und halbieren Sie das Ei und legen Sie es oben darauf. Nun brauchen Sie nur noch Dressing über den Salat geben und alles ist fertig zum Essen!

Dieser späte Baywindow ist ein ehemaliger Radio-Bus! Jetzt zieht er an mit eigenem Innenausbau, frischer Farbe und britischen Sportreifen!

Toskanische Bohnensuppe

ZUTATEN (2 Portionen)

1 Essl. Olivenöl
1 Knoblauchzehe
1 kleine Zwiebel1
1 kleine Möhre
1 Stück Stangensellerie
1 Dose gehackte Tomaten
2 Tassen (500 ml) Wasser
1 Brühwürfel, vegetarisch oder vom Huhn
1 Dose gemischte Bohnen (z. B. Borlotti, Canellini)
1 Teel. frischer oder getrockneter Rosmarin
1 Teel. Oregano

ZUBEREITUNG

Spülen Sie die Bohnen und lassen Sie sie ablaufen. Schneiden Sie Zwiebel, Möhre und Sellerie in kleine Stücke. Pressen Sie den Knoblauch und geben Sie diesen in eine Pfanne mit Öl. Lassen Sie ihn nicht braun braten, sondern geben Sie gleich das Gemüse hinzu und rühren Sie alles dabei ein paar Minuten, damit nichts anbrennt. Geben Sie bei Bedarf mehr Öl hinzu. Ist alles weich, geben Sie nach und nach Wasser und Brühwürfel hinzu, damit die Temperatur nicht zu schnell sinkt. Geben Sie Tomaten, Bohnen und Kräuter hinzu, lassen Sie alles köcheln und schmecken Sie ab. Lassen Sie mindestens eine Stunde auf geringer Hitze köcheln, noch zwei weitere Stunden auf schwacher Hitze bringen das beste Ergebnis.

Kleingeräte

Großer Topf

Dazu passt Foccacia oder toskanisches Brot.

(Ganz ausgezeichnet schmecken dazu ein paar frische Spinatblätter, grob gehackt und wenige Minuten vor dem Servieren zur Suppe gegeben)

Chicken Curry-Salat

Kleingeräte

Großer Topf
Schüssel

ZUTATEN (2 Portionen)

1 Hühnerbrust
Gemischte Salatblätter
1 Ei
Currypulver
Pasta

DRESSING:

Mayonnaise
Currypulver

ZUBEREITUNG

Kochen Sie das Ei hart. Braten Sie das Hühnerfleisch in Butter und Currypulver an. Kochen Sie die Pasta, gießen Sie sie ab und lassen Sie sie abkühlen. Für das Dressing mixen Sie Currypulver mit Mayonnaise, verdünnen Sie evtl. mit heißem Wasser. Mixen Sie alle Zutaten (außer dem Ei) in einer Schüssel und geben Sie das Dressing hinzu. Gut vermischen und rauf auf den Teller! Garnieren Sie mit geviertelten Eiern und servieren Sie dazu Pita-Brot.

Vater und Sohn machen ihren jährlichen Camping im Pachaug State Forest, Connecticut (USA) mit ihrem '67er Westfalia.

Leichte Snacks

Diese Rezepte gelingen leicht – manche davon superschnell und manche dauern nur ein bisschen länger.

BLT-Sandwich

Kleingeräte
Bratpfanne

Kent Karlssons Bulli von 1966. Wurde im Wald als Autowrack gefunden. Nach dreijährigen Schweissarbeiten konnte die Familie damit zum Camping fahren.

ZUTATEN (2 Portionen)

4 Speckstreifen
1 Tomate
Kopfsalat
3 große Stücke Toastbrot
Mayonnaise
eine Portion Butter
schwarzer Pfeffer

ZUBEREITUNG

Braten Sie den Speck in der Bratpfanne knusprig. Schneiden Sie die Tomaten. Zerteilen Sie ein paar Salatblätter. Streichen Sie die Butter auf das Brot, stapeln Sie die Zutaten zusammen mit Mayonnaise und schwarzem Pfeffer aufeinander. Fertig zum Verzehr.

Gebratene Scones

Kleingeräte

Schüssel
Bratpfanne

ZUTATEN (20 Stück)

225 g feines Mehl
1 ½ Teel. Backpulver
15 g Streuzucker
½ Teel. Salz
1 Ei (geschlagen)
¾ Tasse (175 ml) Milch

METHOD

Mixen Sie alle Zutaten in einer Rührschüssel. Tropfen Sie Kleckse davon in eine heiße Pfanne, die sich für Pfannkuchen eignet. Wenden Sie die Scones nach ein paar Minuten. Servieren Sie sie als Brot mit Butter oder mit Marmelade/Honig.

Kent Larssons geliebter "Swampy" von 1971 hat viele seiner Jugendjahre nahe des Polarkreises verbracht.

Kleingeräte

Bratpfanne

Käsesandwich mit Schinken und Birne

ZUTATEN (2 Portionen)

4 große Scheiben Weißbrot
4 Streifen Hinterschinken
1 Birne
Cheddarkäse
Butter

ZUBEREITUNG

Braten Sie den Schinken knusprig und stellen Sie ihn beiseite. Streichen Sie Butter auf beide Seiten der Brote. Schneiden Sie die Birne und den Käse in Scheiben und legen Sie die Zutaten so auf das Brot, dass die Birne zwischen die Käsescheiben kommt. Braten Sie den Sandwich auf niedriger Hitze von jeder Seite goldbraun.

Darryl Williams' Westfalia im schönen Nova Scotia, Canada.

Volkskagen Sandwich

Kleingeräte
Schüssel

ZUTATEN (2 Portionen)

Brot nach Ihrer Wahl
100 g geschälte, gekochte Garnelen und/oder Crabsticks
Mayonnaise
Dill

ZUBEREITUNG

Schneiden Sie die Garnelen und Crabsticks klein. Mischen Sie mit Mayonnaise und Dill. Füllen Sie Ihren Sandwich damit. Das wars!

ee
Sands
les, UK
ONV 469B

Räucherlachs mit zartem Avocado

Kleingeräte
Bratpfanne

ZUTATEN (2 Portionen)

6 Tortillas
6-8 dünne Scheiben (ca. 200g) Räucherlachs in Scheiben
2 Avocados
kleiner Becher Joghurt naturell
frischer Dill (wahlweise)
einige Blätter Rucola
Zitronensaft
Salz und Pfeffer

ZUBEREITUNG

Häuten Sie die Avocado und schneiden Sie lange Streifen davon. Träufeln Sie etwas Zitronensaft darüber. Erhitzen Sie die Tortillas in einer Bratpfanne, damit sie weich werden. Streichen Sie Joghurt darüber. Legen Sie ein paar Scheiben Lachs, Avocado und einige Rucolablätter darauf, evtl. auch frischen Dill, schmecken Sie ab und rollen Sie die Tortillas ein.

Bryan Axells Westfalia von 1977

Bruschetta mit Würstchen

Kleingeräte
Bratpfanne

ZUTATEN (2 Portionen)

4 Würstchen
1 kleine Zwiebel
½ Essl. Senf
½ Essl. flüssiger Honig
Salz und Pfeffer
Butter/Öl
Baguette oder Ciabatta

ZUBEREITUNG

Schneiden Sie die Zwiebel und stellen Sie sie beiseite. Braten Sie jetzt die Würstchen 10-15 Minuten in etwas Öl, bis sie braun und gar sind. Wickeln Sie sie in ein Stück dünne Folie und halten Sie sie warm. Braten Sie jetzt die Zwiebel in etwas Butter/Öl goldbraun. Inzwischen können Sie das Brot toasten oder braten. Nehmen Sie die Zwiebeln aus der Pfanne und geben Sie Honig und Senf in die warme Pfanne. Legen Sie die Würstchen zurück in die Pfanne und bedecken Sie sie mit dem Honigsenf. Servieren Sie alles auf Brot, garniert mit den Zwiebeln.

Der '66er Bulli mit Dachträger von Mike, Kate und Josephine.

Quesadillas

Kleingeräte
Bratpfanne

ZUTATEN (2 Portionen)

4 Tortillabrote
1/2 Tasse geriebener Käse
6-8 Kirschtomaten
2 Ringe Ananas
1 grüne Paprika
ein paar Spinatblätter
eine gute Prise Taco-Gewürz
Salz und Pfeffer

ZUBEREITUNG

Nehmen Sie das Tortillabrot und legen Sie es in eine Bratpfanne, streuen Sie ¼ des Käses darüber und lassen Sie dabei etwas Platz am Rand (weil der Käse schmilzt und sich ausbreitet).

Schneiden Sie Tomaten, Paprika, Ananas und Spinat in kleine Würfel und geben Sie diese auf den Käse, streuen Sie Taco-Gewürz darüber, danach das nächste ¼ Käse und ein Tortillabrot darauf. Wärmen Sie den Quesadilla auf schwacher Hitze, drehen Sie ihn einmal um. Der Quesadilla ist fertig, wenn der Käse geschmolzen ist und das Brot etwas Farbe bekommen hat. Schneiden Sie ihn in Dreiecke und servieren Sie dazu Guacamole Seite 134 und Salsa Seite 138.

Das lässt sich wiederholen!

Der VW California T5 eines richtigen Bullifans – finden Sie auf www.campervantastic.com die Stelle, wo Sie diese schicken Bullis mieten und damit stilvoll England erforschen können.

Tipp!
Wickeln Sie den Quesadilla in Backpapier und wärmen Sie ihn darin auf, dann brauchen Sie die Pfanne nicht abzuspülen.

Hauptgerichte

Die ideale Bulli-Mahlzeit, lässt sich überall mühelos zubereiten.

Geflügel-Pasta mit Estragonpesto

ZUTATEN (2 Portionen)

200 g Pasta (Penne)
3 Essl. Olivenöl
2 gekochte Hühnerbrüste
50 g Rucola-Salat
Salz und Pfeffer

Estragonpesto:

50 g Parmesankäse
50 g geröstete Pinienkerne
ein großer Strauß frischer Estragon, geschnitten
Saft von einer Zitrone
1 zerkleinerte Knoblauchzehe
5 Essl. Olivenöl

Bereiten Sie Estragonpesto bereits zu Hause zu. Vermischen Sie alle Zutaten miteinander.

Kleingeräte

Großer Topf
Schüssel

ZUBEREITUNG

Geben Sie Pasta in einen Topf mit kochendem Salzwasser. Lassen Sie sie ca. 10 Minuten kochen. Gießen und spülen Sie die Pasta mit kaltem Wasser ab, lassen sie diese gut abtropfen und rühren Sie Olivenöl hinein.

Raspeln Sie den Parmesankäse. Rösten Sie die Pinienkerne. Zerkleinern Sie den Estragon. Pressen Sie die Knoblauchzehe. Mischen Sie Parmesan, Pinienkerne, Estragon, Knoblauch, Zitronensaft und Olivenöl miteinander. Ihr Pesto ist fertig!

Legen Sie Pasta und Pesto, Hühnchen und Salat in eine Schüssel und vermengen Sie alles gut. Schmecken Sie mit Salz und Pfeffer ab. Servieren Sie sofort.

Ed Skelletts angeschlagener Split Panel von 1958.

Carbonara

ZUTATEN (2 Portionen)

4 Streifen geräucherter Hinterschinken
Spaghetti
1 Tasse (250 ml) Schlagsahne
Geriebener Parmesan oder anderer würziger Käse
Salz und Pfeffer
wahlfrei dazu: 1 Ei

Kleingeräte

Bratpfanne
Soßentopf

ZUBEREITUNG

Kochen Sie die Spaghetti in kochendem Wasser ca. 8 Minuten. Währenddessen schneiden Sie den Schinken in kleine Stücke und braten ihn ein paar Minuten auf mittlerer Stufe leicht an. Geben Sie die Schlagsahne zum Schinken und lassen Sie leicht aufkochen. Senken Sie die Hitze und warten Sie auf die Pasta. Gießen Sie die Pasta ab und geben Sie den Schinken-Sahne-Mix in den Soßentopf. Geben Sie den Käse hinzu, erhitzen Sie alles zusammen und schmecken Sie ab. Carbonara sollte sofort serviert werden.

Wahlfrei dazu: Verfeinern Sie gern mit einem rohen Eigelb auf dem fertigen Gericht.

Ein wahrer Klassiker - passt dem Bulli-K

Erics Westfalia Hardtop von 1966 beim Camping in Buffalo Creek, Colorado.

meister perfekt, da Sie nur zwei Kochplatten und zwei Pfannen brauchen und die Zubereitung weniger als 20 Minuten dauert!

Chili con carne

ZUTATEN (2 Portionen)

200 g Hackfleisch
1 Zwiebel
¼ Tasse (50 ml) Wasser
1 Dose gehackte Tomaten
1 Knoblauchzehe
eine Prise Salz
2 Teel. Chilipulver
½ Teel. Oregano
1 kleine rote Paprika
1 kleine Dose weiße Bohnen in Tomatensoße
1 kleine Dose Kidneybohnen
1 kleine Dose Mais
eine Messerspitze Butter oder ein Spritzer Öl

Servieren Sie mit Brot, Nachos, Reis oder gemischtem Blattsalat. Ein Klecks Sauerrahm verfeinert die Mahlzeit.

Kleingeräte

1 Soßentopf mit dickem Boden

ZUBEREITUNG

Schälen und würfeln Sie die Zwiebel. Geben Sie das Fett in den Topf, erhitzen Sie es und fügen Sie Hackfleisch hinzu. Lassen Sie es ca. 1 Minute braten und geben Sie die Zwiebel hinzu. Braten Sie die Mischung, bis sie braun ist. Geben Sie Wasser, Tomaten, zerdrückten Knoblauch, Salz und Gewürze hinzu. Lassen Sie alles unter einem Deckel 15-20 Minuten köcheln. Rühren Sie dabei gelegentlich um. Schneiden und putzen Sie die Paprikaschote. Schneiden Sie sie in kleine Stücke. Geben Sie Paprika, Mais und Bohnen hinzu und köcheln Sie weitere 5 Minuten. Schmecken Sie ab.

Chicken à la King

Kleingeräte
Großer Topf

ZUTATEN (2 Portionen)

1 Tasse (250 ml) Fleischstreifen vom gekochten Huhn
1 kleine Dose Pilze oder 100 g frisch geschnittene Pilze
1 Essl. Butter oder Öl
1 ½ Essl. Mehl
¾ Tasse (175 ml) Wasser (plus evtl. die Flüssigkeit aus der Pilzkonserve)
¼ Tasse (50 ml) Sahne
½ Hühnerbrühwürfel
1 kleine rote oder grüne Paprika
¼ Tasse (50 ml) Sherry (wahlfrei)
Sojasoße
Pfeffer

ZUBEREITUNG

Geben Sie die Pilze in eine tiefe Bratpfanne. Braten Sie die meiste Flüssigkeit weg, bevor Sie das Fett hinzugeben. Lassen Sie die Pilze ca. 5-10 Minuten braten. Streuen Sie Mehl darüber und rühren Sie um. Geben Sie Wasser hinzu, evtl. die Pilzflüssigkeit und die Sahne. Lassen Sie alles zusammen mit dem zerkleinerten Brühwürfel 3-5 Minuten köcheln. Teilen, putzen und hacken Sie die Paprika. Geben Sie das Fleisch und die Paprika zur Soße. Erhitzen Sie alles. Schmecken Sie ab mit Pfeffer, Sojasoße und Sherry. Sherry ist ein wahlfreier Zusatz, der aber den großen Unterschied macht!

Servieren Sie mit Reis und gemischtem Blattsalat.

Corned Beef-Haschee

Kleingeräte
2 Bratpfannen

ZUTATEN (2 Portionen)

1 Dose Corned Beef
1 Dose gekochte Kartoffeln
1 Zwiebel
2 Eier
Blattpetersilie (alternativ getrocknete Petersilie)
Salz und Pfeffer
Pflanzenöl

ZUBEREITUNG

Schneiden Sie den Block Corned-Beef, die Kartoffeln und die Zwiebel in 1 cm-Stücke. Erhitzen Sie die Pfanne, geben Sie Öl hinein und braten Sie die Zwiebel weich. Geben Sie dann die Kartoffeln hinzu und bräunen Sie leicht deren Oberfläche. Geben Sie dann das Corned Beef hinzu und senken Sie die Hitze. Braten, schütteln und rühren Sie gut. Geben Sie etwas Petersilie hinzu. Inzwischen braten Sie die Spiegeleier. Wenn die Eier fertig sind, schalten Sie die Hitze ab, verteilen das Haschee auf Teller, legen jeweils ein Spiegelei darüber und servieren Sie. Geben Sie gerne etwas mehr frisch geschnittene Blattpetersilie dazu (wahlfrei).

Kenneth Johanssons Blauer Baywindow von 1969.

Ham and cheese omelette

Kleingeräte

Schüssel
Bratpfanne

ZUTATEN (2 Portionen)

6 Eier
¾ Tasse (175 ml) Milch
100 g Schinken in Scheiben
50 g Reibekäse
Salz und Pfeffer
Öl/Butter

ZUBEREITUNG

Mixen Sie Eier und Milch in einer Schüssel. Geben Sie Salz und Pfeffer nach Geschmack dazu. Erhitzen Sie die Pfanne mit Öl oder Butter. Geben Sie die Mischung in die Pfanne. Lockern Sie beim Braten den Rand etwas mit einem Holzlöffel. Wenn die Mischung langsam fest wird, geben Sie nacheinander Schinken und Käse in die Mitte des Omeletts. Legen Sie das Omelette zusammengefaltet auf einen Teller. Servieren Sie dazu einen grünen Blattsalat.

23-Fenster Chicken Samba Deluxe von 1959.

Huhn nach Jägerart

Kleingeräte
Großer Topf

ZUTATEN (2 Portionen)

25 g Butter
halbes Hühnchen, gestückelt
3 Frühlingszwiebeln
50 g Pilzköpfe
1 ½ Essl. Weißwein
½ Tasse (125 ml) Bratensaft
1 kleine Dose (200 g) gehackte Tomaten
Gehackte Petersilie und Estragon
Salz und Pfeffer

ZUBEREITUNG

Lassen Sie die Butter in einer Pfanne schmelzen und geben Sie das gewürzte Hühnerfleisch hinzu. Lassen Sie es rundum goldbraun braten, geben Sie Frühlingszwiebeln samt Wein dazu und kochen Sie es zwei Minuten. Geben Sie Pilze, Tomaten und Bratensaft hinzu. Kochen Sie ca. 30 Minuten mit Deckel auf mittlerer Hitze oder bis das Hühnerfleisch gar ist. Rühren Sie die Kräuter erst kurz vor dem Servieren hinein.

Jonnys schwedischer 23-Fenster Samba mit Doppeltür, dieser Bus hatte nicht immer so viele Fenster!

Risotto mit Ziegenkäse und Basilikum

Kleingeräte
2 kleine Töpfe
Schüssel

ZUTATEN (2 Portionen)

1 ½ Tassen (300 g) Risotto-Reis (Arborio)
1 ½ Tassen (350 ml) Wasser
50 g Ziegenkäse
25 g Butter
1 vegetarischer Brühwürfel
Basilikum

ZUBEREITUNG

Kochen Sie im ersten Topf das Wasser mit dem Brühwürfel auf. Schmelzen Sie im zweiten Topf die Butter. Geben Sie Reis und Basilikum hinzu und braten Sie dies an. Behalten Sie starke Hitze und arbeiten Sie schnell. Ständiges Umrühren ist sehr wichtig, damit nichts anbrennt. Füllen Sie mit einer Kelle schluckweise die Brühe auf. Der Reis gibt Laute von sich, also hören Sie hin! Es sollte während des gesamten Kochens ein „sscchhhh" zu Hören sein. Rühren Sie weiter, bis das Risotto gekocht ist (1—15 min).

Fertiges Risotto hat eine cremige Konsistenz und gerade noch etwas Biss. Schalten Sie den Herd ab. Krümeln Sie den Ziegenkäse hinein und rühren Sie ordentlich um. Schmecken Sie mit Gewürzen ab. Servieren Sie dazu Salat und Brot.

VW surfari vermietet Ihnen diesen süssen Original-Westfalia der späteren Generation, um damit durch das sonnige Kalifornien zu reisen.

Feuriges Beef Stroganoff

Kleingeräte
Bratpfanne
Schüssel

ZUTATEN (2 Portionen)

350 g Rinderfilet (in Pommes-große Stücke geschnitten)
40 g Butter
2 Essl. Paprika
1 Zwiebel
200 g Pilzköpfe
Pflanzenöl
1 ½ Tassen (350 ml) Schlagsahne oder Crème Fraiche
Etwas Zitronensaft
Petersilie
Salz und Pfeffer
Brandy

ZUBEREITUNG

Schmelzen Sie die Butter im Topf und braten Sie Zwiebel und Paprika langsam, bis sie weich und süßlich sind.

Geben Sie die geschnittenen Pilze hinzu und braten Sie einige Minuten weiter. Nehmen Sie den Topf vom Herd und halten Sie den Inhalt in einer Schüssel warm. Stellen Sie den Topf wieder auf den Herd und erhitzen Sie ihn mit ein paar Teelöffeln Öl. Ist er richtig heiß, geben Sie das Fleisch hinein, braten es schnell eine Minute unter ständigen Wenden und würzen es dabei nach Geschmack. Geben Sie nun die Zwiebel-Pilz-Mischung zum Fleisch und gießen Sie Sahne auf. Kochen Sie den Inhalt eine Minute lang auf. Geben Sie Petersilie und etwas Zitrone dazu.

Fertig zum Verzehr! Dazu passt Reis.

Dieser Feuerwehr-Bulli stammt von der dänischen Angora Racing Crew.

Chicken Fajitas

Kleingeräte
Bratpfanne

Traditionell oder in Biermarinade – was bevorzugen Sie?

ZUTATEN (2 Portionen)

2 Hühnerbrüste
4 Tortilla Wraps

TRADITIONELLE FAJITA-GEWÜRZE:

1 ½ Essl. gemahlener Kreuzkümmel
1 ½ Essl. gemahlener Koriander
1 ½ Teel. Chilipulver
Frischer Koriander

FÜLLUNG:

1 rote Paprika
1 Zwiebel
Guacamole *(Seite 134)*
Crème Fraiche
Salsa *(Seite 138)*

ZUBEREITUNG

Für traditionelle Fajitas schneiden Sie Paprika, Zwiebeln und Hühnerfleisch in Streifen. Hacken Sie anschließend die frische Chili. Braten Sie Paprika und Chili in ein paar Tropfen Öl an, streuen Sie Gewürze darüber und erhöhen Sie nach ein paar Minuten die Hitze, geben Sie Hühnerfleisch und mehr Öl hinzu. Braten Sie schnell 3-4 Minuten unter Rühren und Schütteln weiter. Ist alles gar, streuen Sie frische Korianderblätter darüber.

Falten Sie einen Wrap um den Mix herum und füllen Sie ihn mit: Guacamole, Crème Fraiche und Salsa. Schmecken Sie mit noch etwas Olivenöl ab.

BIERMARINADEN-VARIANTE:

Testen Sie eine Abwandlung dieses Rezepts, indem Sie das rohe Hühnerfleisch in folgende Biermarinade einlegen:

1 Dose (250 ml) dunkles, mexikanisches Bier
2 Teel. Sesamöl
1 Teel. fein gehackter Knoblauch
1 Teel. getrockneter Oregano
1 Teel. Salz
½ Teel. gemahlener Schwarzpfeffer
¼ Teel. Cayennepfeffer

Miguel Alcazar Sanches aus Mexico liebt seinen Bulli, mit dem er und seine Frau oft auf Reisen sind.

Schneller Nudel-Wok

Kleingeräte

Bratpfanne
Kleiner Topf
Schüssel

ZUTATEN (2 Portionen)

1 Hühnerbrust
4 Nudelnester
2 kleine Paprikas
3 Frühlingszwiebeln
1 Knoblauchzehe
1 Teel. Ingwer
1 Teel. Chili
1 Teel. Garam Masala
4 Essl. Öl

ZUBEREITUNG

Kochen Sie die Nudeln in einem Topf mit ausreichend Wasser, sie sollen komplett bedeckt sein. Rühren Sie Garam Masala in den Topf und stellen Sie ihn mit Deckel darüber beiseite. Schneiden Sie jetzt Knoblauch, Frühlingszwiebel und Hühnerfleisch in kleine Stücke und braten Sie dies in der Hälfte des Öls an. Nach einigen Minuten Braten geben Sie Gewürze, geschnittene Paprika und wenn notwendig das restliche Öl hinzu. Braten Sie unter Umrühren weiter, bis alles gar ist. Gießen Sie die Nudeln ab und geben Sie sie in die Bratpfanne. Rühren Sie gut um und servieren.

Sie können gern mit Cashewnüssen und süß-sauer Soße verfeinern *(Seite 132).*

Klaus Springer aus Deutschland ist der stolze Besitzer dieses 1979er Modells, verziert von seiner Tochter und ihren Freunden an ihrem 10. Geburtstag.

Schweinefilet Orange

ZUTATEN (2 Portionen)

2 Schweinekoteletts oder
250 g Schweinefilet in Scheiben
Butter oder Öl
½ Teel. Salz

SOSSE:

1 Tasse (250 ml) Flüssigsahne
½ Essl. Mehl
½ Fleischbrühwürfel
½ Teel. Rosmarin
½ Teel. Sojasoße
Saft einer gepressten Orange
1 Orange

ZUBEREITUNG

Mixen Sie Sahne, Mehl, Brühwürfel, Rosmarin, Sojasoße und Orangensaft in einer Soßenpfanne. Kochen Sie dies auf und lassen Sie es ungefähr 3 Minuten unter Umrühren kochen. Schälen Sie die Orange und schneiden Sie sie in Stücke. Braten Sie das Schweinefilet in der Pfanne (Filetstreifen brauchen 3 Minuten auf jeder Seite). Salzen und Pfeffern Sie gut. Legen Sie das Fleisch und die Orangenstücke in die Soße. Bringen Sie alles zum Kochen.

Das Gericht wird noch appetitlicher, wenn Sie mit etwas Orangenschale garnieren. Servieren Sie dazu Kartoffeln und Gemüse.

Kleingeräte

Großer Topf
Bratpfanne

Ian Blake ist stolzer Besitzer dieses Canterbury Pit Conversion Bulli von 1965.

Zucchinipasta mit Parmesan

Kleingeräte
Großer Topf
Bratpfanne

ZUTATEN (2 Portionen)

200 g Pasta (Penne)
1 große Zucchini
25 g Parmesankäse
Pinienkerne
Olivenöl
Salz und Pfeffer

ZUBEREITUNG

Kochen Sie die Pasta nach Anweisung. Während diese kocht, rösten Sie die Pinienkerne ca. eine Minute in einer trockenen Bratpfanne. Schneiden Sie die Zucchini und geben Sie diese samt etwas Olivenöl zu den Pinienkernen und braten Sie sie leicht braun an. Gießen Sie die Pasta ab und geben Sie sie in die Bratpfanne. Geben Sie mehr Öl hinzu, schmecken Sie ab und servieren Sie mit geraspeltem Parmesan. Ein Spritzer Zitrone passt dazu gut.

Hans' Westfalia von 1972 beim Camping in der Sierra Nevada, Mammoth Springs Area, USA.

Würstelgulasch

Kleingeräte
Großer Topf
Bratpfanne

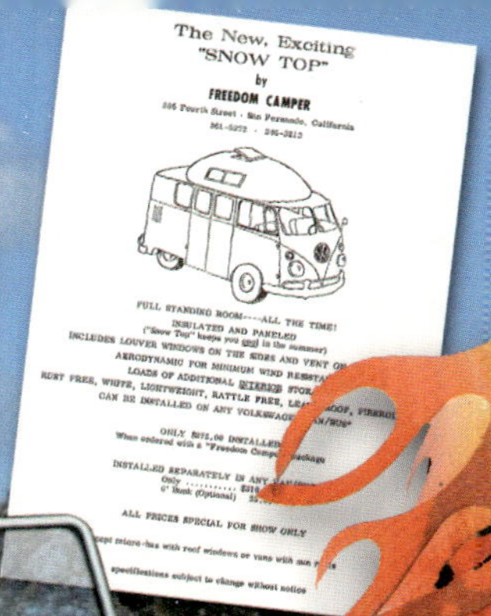

ZUTATEN (2 Portionen)

1 Dose Würstchen
1 Dose Mais
1 Zwiebel
1 Tasse (250 ml) Schlagsahne
1 Essl. Tomatenmark
Ketchup
Salz und Pfeffer
+ Spaghetti

ZUBEREITUNG

Kochen Sie das Wasser auf. Unterdessen schneiden Sie die Würstchen und die Zwiebel. Wenn das Wasser kocht, legen Sie die Pasta hinein. Dünsten Sie die Zwiebel in der zweiten Pfanne an. Ist sie weich, geben Sie die Wurststückchen hinzu. Braten Sie alles ca. 2 Minuten. Geben Sie erst den abgetropften Mais zu den Zwiebeln und Würstchen, danach die Sahne. Rühren Sie das Tomatenmark in die Sahne und danach das Ketchup (zum Süßen). Schmecken Sie mit Salz und Pfeffer nach eigenem Wunsch ab. Lassen Sie alles köcheln, bis die Pasta fertig ist. Servieren Sie den Gulasch mit der Pasta.

Snowtop Splitscreen Bulli. Snowtops wurden ursprünglich gebaut von Freedom Camper, Kalifornien.

Tagliatelle Bolognese

Kleingeräte

Großer Topf
Kleiner Topf

Steve Rochas Westfalia von 1976 bei der Durchquerung der USA. Hier gerade in Fruita, Kalifornien.

ZUTATEN (2 Portionen)

200 g Hackfleisch
1 Zwiebel
1 Knoblauchzehe
2 Teel. getrockneter Oregano
1 Fleischbrühwürfel
¼ Tasse (125 ml) Wasser
1 Dose (400 ml) gehackte Tomaten/ 1 Glas Tomatensoße
1 Essl. Tomatenmark
2 Essl. Ketchup
½ Teel. Zucker
Salz und Pfeffer

ZUBEREITUNG

Hacken Sie die Zwiebel und braten Sie sie zusammen mit dem Hackfleisch. Lassen Sie es dabei braun werden. Kochen Sie Wasser mit dem Brühwürfel darin auf. Gießen Sie die Mischung damit auf und lassen Sie aufkochen. Lassen Sie so lange köcheln, bis das meiste Wasser verdunstet ist. Geben Sie die gepresste Knoblauchzehe, Oregano, Tomaten, Tomatenmark, Ketchup und Zucker hinzu. Lassen Sie alles mindestens 30 Minuten köcheln, dann bekommt es den besten Geschmack. Würzen Sie mit Salz und Pfeffer. Servieren Sie mit frisch gekochten Tagliatelle.

Full English breakfast

Kleingeräte
Bratpfanne/Grill
Kleiner Topf

ZUTATEN (2 Portionen)

4 Speckstreifen
2 Würstchen
2 Eier
1 Fleischtomate
100 g frische Champignons
Butter oder Öl
Salz und Pfeffer
1 kleine Dose weiße Bohnen in Tomatensoße
2 große Stücke Toastbrot

ZUBEREITUNG

Beginnen Sie mit dem Braten der Würstchen, da diese am längsten brauchen. Grillen Sie, wenn möglich, die Würstchen oder braten Sie sie in der Bratpfanne auf schwacher Hitze 10-15 Minuten. Soll das Braten schneller gehen, können Sie die Würstchen längs aufschneiden – das halbiert die Bratzeit. Währenddessen bereiten Sie die anderen Dinge vor. Vierteln Sie die Champignons. Halbieren Sie die Fleischtomate. Öffnen Sie die Dose mit den Bohnen. Erwärmen Sie die Bohnen im Soßentopf. Grillen Sie den Frühstücksspeck und die halben Tomaten neben den Würstchen. Der Frühstücksspeck braucht ca. 1,5 min auf jeder Seite, die Tomate eher 3 min. Braten Sie die Pilze ein paar Minuten in Fett. Würzen Sie mit Salz und Pfeffer. Geben Sie die Pilze auf die eine Seite der Bratpfanne. Braten Sie 2 Eier auf der anderen Seite. Wenn es mit dem Platz eng wird, nehmen Sie das bereits Gegarte heraus, rollen es in Metallfolie und halten es neben dem Grill warm. Tischen Sie auf mit großen Tellern und lassen Sie es sich schmecken. Vergessen Sie das Brot nicht!

Der berühmte Linde-Bulli
von Paul Medhurst bei
www.type2detectives.com

Spanische Tortillas

Kleingeräte
Rührschüssel
Bratpfanne

ZUTATEN (2 Portionen)

5 Eier
1 Kartoffel
2 Zwiebeln
1 rote Paprika
1 kleine Knoblauchzehe
½ Tasse (125 ml) Olivenöl
Thymian
Salz und Pfeffer
Spinat (wahlfrei)

ZUBEREITUNG

Schälen und schneiden Sie Kartoffeln und Zwiebeln klein. Teilen, entkernen und hacken Sie die Paprika. Hacken Sie Knoblauch und Thymian fein. Schlagen Sie die Eier in eine Rührschüssel. Geben Sie die Zwiebeln und Kartoffeln in eine tiefe Bratpfanne, zusammen mit dem Thymian, Knoblauch und etwas Gewürz. Bedecken Sie alles mit Öl. Braten Sie auf mittlerer Hitze ca. 15-20 Minuten oder bis die Kartoffeln weich sind. Gießen Sie das Olivenöl ab und lassen Sie den Kartoffelmix leicht abkühlen. Vermengen Sie die Eier mit Paprika (und Spinat), vermischen Sie alles miteinander und geben den Mix zurück in die Bratpfanne. Braten Sie auf sehr schwacher Hitze, bis der Tortilla fest wird. Servieren Sie dazu Rucola und ein wenig Petersilie.

Brian Stoddart würde seinen VW Scene nie vermissen wollen – hier ist sein wunderschöner Devon Moonraker von 1972.

Füllungen mit Meeresfrüchten

Fisch und Meeresfrüchte passen hervorragend zum Zubereiten und Essen beim Camping im Wohnmobil. Sie garen schnell, sind leicht zuzubereiten und wenn Sie sich in Küstennähe befinden, dann verpassen Sie nicht das Frischfisch-Angebot der lokalen Verkäufer.

Marinierte Miesmuscheln

Kleingeräte
Großer Stieltopf

ZUTATEN (2 Portionen)

1 kg Miesmuscheln
25 g Butter
2 Frühlingszwiebeln, feingehackt
1 Knoblauchzehe
1 Tasse (250 ml) trockener Weißwein
Frische, geschnittene Petersilie
¾ Tasse (175 ml) Schlagsahne

ZUBEREITUNG

Waschen Sie die Muscheln in kaltem Wasser, entfernen Sie Fasern und putzen Sie die Schale ab. Werfen Sie jede Muschel weg, die beim Anfassen offen bleibt oder beschädigt ist. Benutzen Sie einen großen Stieltopf mit Deckel, kochen Sie die Muscheln auf mittlerer Hitze und geben Sie ein paar Tropfen Wasser hinzu, damit ein guter Kochdampf entsteht. Rühren Sie gelegentlich um und schalten Sie ab, wenn sich die Muscheln zu öffnen beginnen.

Nehmen Sie die Muscheln aus dem Topf und halten Sie sie unter einem Deckel heiß. Stellen Sie den Topf zurück auf den Herd und geben Sie die geschnittenen Frühlingszwiebeln und den Knoblauch hinzu, dünsten Sie diese in Butter. Sobald etwas weich geworden, geben Sie den Wein dazu und rühren um. Während des Kochens geben Sie Sahne hinzu und lassen Sie alles aufkochen. Gleich nach dem Aufkochen schmecken Sie mit Salz und weißem Pfeffer ab. Nehmen Sie den Topf vom Herd und geben Sie frische Petersilie hinzu. Legen Sie die Muscheln in die Soße, rühren Sie gut um und servieren Sie das Gericht mit reichlich weißem Krustenbrot.

Etwas Brot in die Sosse tauchen, so bekommen Sie die letzten leckeren Tropfen heraus!

Pastasoße mit Garnelen und Senf

Kleingeräte
Bratpfanne

ZUTATEN (2 Portionen)

1 kleine Zwiebel
½ Essl. Butter oder Öl
1 Tasse (250 ml) Crème Fraiche
1 Essl. englischer Senf
½ Essl. Dijon-Senf
2 Essl. feingeschnittener Dill
(frisch oder getrocknet)
200 g geschälte Garnelen
Salz

ZUBEREITUNG

Braten Sie die Zwiebel in Fett an, ohne sie braun werden zu lassen. Geben Sie Crème Fraiche hinzu und kochen Sie auf. Geben Sie Senf und Dill hinzu. Geben Sie die Garnelen hinzu und wärmen Sie die Soße auf. Würzen Sie mit Salz. Servieren Sie mit Pasta, Broccoli und frisch gemahlenen schwarzen Pfeffer.

Jim Merrins Turbo Samba beim Urlaub in Frankreich.

Thai-Lachs in Kokossoße

Kleingeräte

Großer Topf

ZUTATEN (2 Portionen)

2 Frühlingszwiebeln
100 g schwedische Rüben
1 Karotte
1 kleine gelbe Paprika
1 Teel. frisch geriebener Ingwer
¼ Teel. grüne Currypaste
1 Dose (400 ml) Kokosmilch
¼ Teel. Salz
1 kleine Knoblauchzehe
1 Essl. Fischsoße
200 g Fischfilet
(z.B. Lachs)
2 Essl. gehackter Koriander
oder Petersilie

ZUBEREITUNG

Beginnen Sie mit dem Gemüse. Schälen und schneiden Sie die Frühlingszwiebeln längs in Viertelstücke. Schneiden Sie die Rüben in große Würfel. Schneiden Sie die Karotten in Scheiben. Schneiden Sie die Paprika in kleine Stücke. Mixen Sie die Currypaste und ca. ¼ Tasse (100ml) Kokosmilch in einer Soßenpfanne zusammen. Geben Sie die restliche Kokosmilch, das Gemüse, Salz, gepressten Knoblauch und Fischsoße hinzu. Lassen Sie dies ohne Deckel ca. 15 Minuten köcheln. Schneiden Sie den Fisch in ca. 3 cm große Würfel. Legen Sie die Stücke vorsichtig in den Topf und lassen Sie diese ca. 5 Minuten gar köcheln. Schmecken Sie nun mit Currypaste, Salz oder Fischsoße ab. Garnieren Sie mit Koriander oder Petersilie.

Servieren Sie das Gericht pur, alternativ mit Reis oder Nudeln.

VW Modell T4 – perfekt für Abenteuerreisen durch ganz Europa! Finden Sie mehr darüber bei www.campervantastic.com.

Foliengegrillter Lachs auf einem Bett aus Mangold und Karotten

Kleingeräte
Metallfolie

ZUTATEN (2 Portionen)

2 Stücke Lachs
(ca. 160 g pro Stück)
Mangoldblätter
1 Karotte
ein paar Zweige frischer Dill
Butter

ZUBEREITUNG

Buttern Sie die Folien ein. Zerschneiden Sie den Mangold und legen Sie ihn auf die Metallfolie. Legen Sie die Lachsstücke oben auf den Mangold. Würzen Sie mit Salz und Pfeffer. Schneiden Sie die Karotten längs auf (in Pommes-große Stücke) und legen Sie diese auf den Lachs. Geben Sie zuletzt ein paar Dillzweige obenauf und schließen Sie das Paket. Es darf nichts dabei heraus laufen. Legen Sie das Paket ca. 20 Minuten auf den Barbecue-Grill (nicht zu heiß werden lassen). Öffnen Sie ein Paket nach 15 Minuten und prüfen Sie, ob der Fisch gar ist.
Servieren Sie dazu einen frischen Kartoffelsalat *(Rezept Seite 22)*.

Erik Clarks Westfalia Hardtop von 1966 beim Camping in Baja Peninsula in Rosarito, Mexico.

Thunfisch und Bohnen

Kleingeräte
Schüssel

ZUTATEN (2 Portionen)

eine Dose Thunfisch in Öl (140 g)
1 Knoblauchzehe
300 g konservierte Cannelloni-Bohnen
1 kleine rote Zwiebel oder einige Frühlingszwiebeln
Basilikumblätter
Salz und Pfeffer
1 Essl. Weißweinessig (wahlfrei)

ZUBEREITUNG

Schneiden Sie zuerst die Zwiebel und legen Sie sie in eine Schüssel. Zerdrücken Sie den Knoblauch mit der Breitseite des Messers, geben Sie eine gute Prise Salz hinzu und machen Sie daraus mit der Messerspitze eine Paste. Geben Sie die Knoblauchpaste und den Essig (wenn vorhanden) in die Schüssel.

Mischen Sie die Bohnen und den Thunfisch mit etwas Öl aus der Dose. Verrühren Sie alle Zutaten miteinander und servieren Sie mit Basilikumblättern und schwarzem Pfeffer.

Kein Kochen notwendig!

Räucherlachs auf Kartoffelpfanne

Kleingeräte

Bratpfanne

Larry Winthers SO 42 Westfalia von '65 aus deutscher Produktion mit Montgomery Wards Schwenkrad-Trailer.

ZUTATEN (2 Portionen)

2-3 geschälte, gekochte Kartoffeln
1 kleine Zwiebel
½ Essl. Butter
2-3 Eier
¾ Tasse (175 ml) Flüssigsahne
Salz und Pfeffer
200 g eingelegter oder geräucherter Lachs in Scheiben
1 Essl. gehackter Dill/Kerbel
1 Essl. Butter

ZUBEREITUNG

Schneiden Sie die Kartoffeln. Schälen und würfeln Sie die Zwiebel. Braten Sie Kartoffeln und Zwiebeln mit Butter in einer beschichteten Pfanne an. Mixen Sie Eier, Sahne, Salz und Pfeffer. Tröpfeln Sie den Eiermix in die Pfanne und lassen Sie ihn fest werden. Lockern Sie ein wenig auf, damit der Mix zwischen alle Kartoffeln gelangt. Legen Sie die Lachsscheiben darauf und lassen Sie alles braten. Garnieren Sie mit Dill und servieren Sie das Gericht mit geschmolzener Butter.

Plattfisch-Päckchen mit Garnelen

Kleingeräte

Metallfolie

ZUTATEN (2 Portionen)

Ca. 200 g oder 4 Schollenfilets
¼ Teel. Salz
1 kleine Knoblauchzehe
100 g geschälte Garnelen
25 g Kräuterbutter (Butter wird vermischt mit z.B. Salz, Oregano, Thymian oder Cayenne)

ZUBEREITUNG

Würzen Sie die 4 Filets. Schälen und schneiden Sie den Knoblauch. Legen Sie die Filets auf ein quadratisches Stück Folie und geben Sie Knoblauch und die Garnelen darüber. Legen Sie die Butter oben darauf und falten Sie die Folie zusammen zu einem Päckchen.

Biegen Sie die Folie wie eine Brieftasche, so dass nichts heraus laufen kann. Setzen Sie die Päckchen ca. 10-15 Minuten auf einen warmen Grill. Der Fisch ist gar, wenn er fest wird. Servieren Sie dazu frische Kartoffeln.

Alternativ können Sie auch Seezunge und Schellfisch verwenden.

Jürgen Sechers mangogrüner Bulli.

Tagliatelle mit Räucherlachs

Kleingeräte
Kleiner Topf
Großer Topf

Paul und Claire kauften ihre Ambulanz "Val" von '65 am Valentinstag.
Hier sehen Sie deren neu renovierten "Lovebus", klargemacht für die Hochzeit von Freunden.

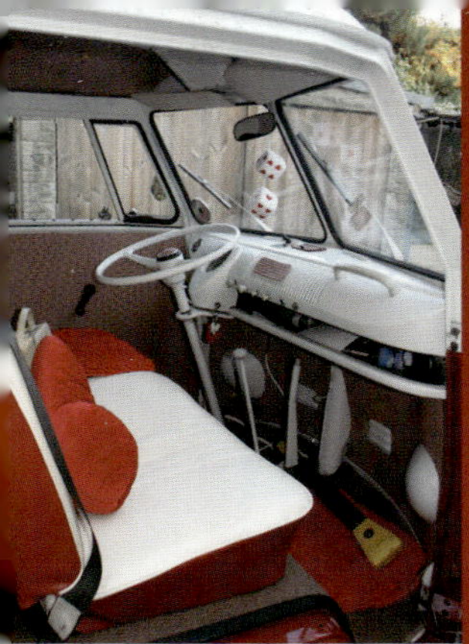

ZUTATEN (2 Portionen)

125 g Räucherlachs
ein paar Zweige frischer Dill
150 g oder 6 Nester Tagliatelle
1 Zitrone
½ Tasse (150 ml) Schlagsahne
Fischbrühwürfel
Salz und Pfeffer

ZUBEREITUNG

Bringen Sie einen großen Topf mit Wasser zum Kochen für die Pasta. Wenn das Wasser kocht, entnehmen Sie ca. 1/4 Tasse (75 ml) Wasser, geben es in die Pfanne und krümeln den Brühwürfel hinein. Geben Sie die Tagliatelle in den Topf und kochen Sie sie nach Vorschrift. Gießen Sie Sahne und Zitronensaft in die Pfanne mit dem Fischfond. Erhitzen Sie alles, bis es kocht. Rühren Sie um, würzen Sie und senken Sie die Hitze ein wenig. Schneiden Sie den Räucherlachs in Streifen.

Gießen Sie die Pasta ab. Nehmen Sie die Soße vom Herd. Geben Sie den Lachs zur Soße, danach die Pasta. Rühren Sie um. Geben Sie Dill hinzu und servieren Sie!

BBQ

Danach lecken Sie sich die Finger – gute Grillrezepte!
Testen Sie mal, ein paar Hickory- oder Apfel-Späne in Ihrem Grill, damit bekommen Sie eine schöne, rauchige Note.

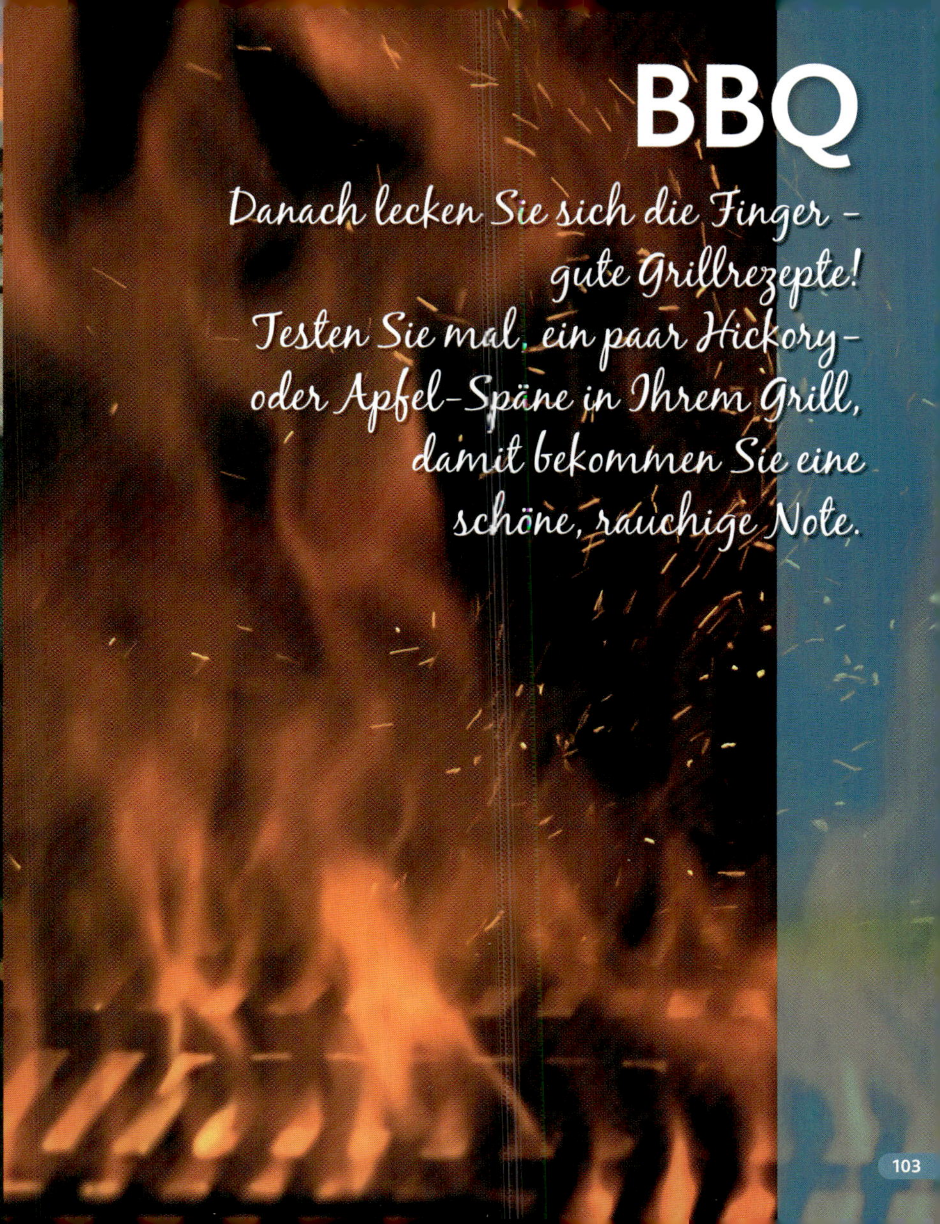

BBQ-gegrilltes Mittelmeergemüse

Kleingeräte
Grillzangen
Spieße

ZUTATEN (2 Portionen)

1 große Zucchini
2 Paprikaschoten
1 Aubergine
1 rote Zwiebel
Oregano
Basilikum
Olivenöl

ZUBEREITUNG

Schneiden Sie das gesamte Gemüse in so große Stücke, dass sie nicht durch das Gitter Ihres Grills fallen können. Nehmen Sie das geschnittene Gemüse und legen Sie es in eine verschließbare Tüte. Geben Sie Öl hinzu, etwas Salz und Pfeffer sowie Kräuter. Schütteln Sie das Gemüse gut durch und nehmen Sie es erst kurz vor dem Grillen heraus.

Grillen Sie das Gemüse auf dem BBQ von allen Seiten, bis es gar ist. Sie können das Gemüse in Alufolie legen und zu einem Paket verpacken, damit wird es bis zum Essen warm gehalten.

Benny Norlings späten Baywindow.

Funky chicken

ZUTATEN (2 Portionen)

1 ganzes Hähnchen
1 Dose Bier
Salz und Pfeffer
Öl- oder BBQ-Marinade

Kleingeräte

Holzkohlegrill mit Deckel, Grillhandschuhe Grillzangen

ZUBEREITUNG

Reiben Sie die Haut des Hühnchens von allen Seiten mit Gewürzen ein. Sie können dabei auch etwas Öl oder Marinade auftragen. Öffnen Sie eine Dose Ihres Lieblingsbiers und legen Sie diese in das Innere des Grillhähnchens – mit der offenen Seite nach oben! Auf einem Holzkohlegrill sitzt der Vogel nicht über, aber nahe der heißen Kohle auf dem Rost, die Bierdose steht also mit dem Hähnchen aufrecht. Schließen Sie den Deckel des Grills, mit etwas offener Lüftung.

Lassen Sie das Hähnchen mindestens 1,5 Stunden auf dem Grill schmoren. Nehmen Sie das braune und durchgegarte Hähnchen mit den Handschuhen vorsichtig vom Grill. Sie werden merken, dass das Fleisch vom Knochen fällt!

Sie können das Hähnchen mit geräucherten Chilis oder Chipotle-Paste würzen.

Andy Joiners Bulli Black & White von 1966. Vom Schrotthof gerettet!

Pilzbrätlinge

Kleingeräte
Grillzangen

ZUTATEN (2 Portionen)

4 große, flache oder 8 kleinere Pilzköpfe.
Schmelzkäse aus der Tube
Chili-Gewürz

ZUBEREITUNG

Putzen Sie die Pilze ordentlich, brechen Sie den Stiel heraus und werfen sie diesen weg.

Drücken Sie den Käse aus der Tube in die Vertiefung der Pilze und legen Sie die Köpfe ein paar Minuten auf dem Grill.

Dies ist eine schnelle und leckere Beilage. Gehackte Chilis, falls vorhanden, geben eine pikante Note, aber auch Paprika ist ein guter Ersatz dafür.

Mrs. Van Heyst fährt diesen schönen Bus des berühmten BBT in Belgien.
Ein Westy-Bulli von 1959.

Gefüllte Paprikas

Kleingeräte

Bratpfanne
Grillzangen

ZUTATEN (2 Portionen)

2 große, rote Paprikas
1 kleine Zwiebel
50 g Edelschimmelkäse
50 g Pilze
50 g Spinat (frisch oder soeben aufgetaut)
Salz und Pfeffer

ZUBEREITUNG

Schneiden Sie die Spitze der Paprikas ab, Sie brauchen diese später. Schneiden Sie die Zwiebel in Streifen und die Pilze in Scheiben. Vermischen Sie alles mit Spinat und Edelschimmelkäse und braten Sie das Ganze einige Minuten in einer Bratpfanne, schmecken Sie ab.

Benutzen Sie die Grillzangen, um die Paprikas von allen Seiten zu grillen. Geben Sie den Mix in die Paprikas hinein, legen Sie den Deckel oben darauf und wickeln Sie alles in Folie. Grillen Sie alles weitere 5-10 Minuten.

Lars Sechers schnittiger Doubledoor Samba von 1962 in siegellackrot und beige-grau.

Surfen in Kalifornien ist einfach fantastisch!
Mieten Sie diesen Bus bei www.vwsurfari.com
und probieren
Sie es einfach mal aus…

Gegrillter Halloumi mit leckerem Honig

ZUTATEN (2 Portionen)

100 g Halloumi
Honig
Kräuter
Salz und Pfeffer

ZUBEREITUNG

Schneiden Sie den Halloumi in dicke Scheiben (dass er nicht durchs Gitter fällt). Grillen Sie diese auf beiden Seiten ein paar Minuten, bis er etwas hart geworden ist. Ringeln Sie Honig darüber und garnieren Sie mit eventuell vorhandenen Kräutern. Fertig!

Vollmantelgeschoss
(aus der Kartoffel)

Kleingeräte
Alufolie
Apfel-Entkerner

ZUTATEN (2 Portionen)

2 große Kartoffeln (zum Füllen)
2 Würstchen

ZUBEREITUNG

Bohren Sie mit dem Entkerner ein längliches Loch in die Kartoffeln. Nehmen Sie ein Würstchen, schneiden Sie den Zipfel ab und drücken Sie den Inhalt in diese Vertiefung hinein. Drücken Sie die Kartoffel zusammen und wickeln Sie sie in Alufolie ein. Legen Sie das Paket ca. eine Stunde lang in die glühende Asche. Lassen Sie das „Geschoss" vor dem Essen etwas abkühlen.

Ein Rezept wie aus der Nachkriegszeit! Daher finden Sie es zusammen mit diesem metallgrauen Doubledoor Panel Van-Veteranen, Eigentümer Chris Rooker.

Mexicana-Hühnchen am Spieß

Kleingeräte
Spieße
Verschließbare Tüten

ZUTATEN (2 Portionen)

2 Hühnerbrüste
1 kleine Zucchini
1 kleine Zwiebel
1 kleine rote Paprika
Einige Kirschtomaten

MARINADE:

1 Essl. Olivenöl
½ Teel. gemahlener Kümmel
1 Essl. gehackter, frischer Koriander
1 ausgepresste Limette
½ frische, feingehackte Chili
Salz und Pfeffer

ZUBEREITUNG

Lassen Sie die Holzspieße in Wasser einweichen. Schneiden Sie das Hühnerfleisch in kleine Würfel. Mixen Sie in einer Tüte Olivenöl, Kümmel, Koriander, Limettensaft, Chili, Salz und Pfeffer. Schütteln Sie gut durch und geben Sie das Hühnerfleisch hinein. Verschließen Sie die Plastiktüte und lassen Sie alles mindestens eine Stunde in der Kühltasche stehen. So weit können Sie das auch daheim vorbereiten. Schneiden Sie Zucchini, Zwiebel und rote Paprika in grillfreundliche Stücke. Schieben Sie wechselweise Hühnerfleisch, Zucchini, Zwiebel, Paprika und Tomaten auf die Spieße. Pinseln Sie den Grill mit Öl und schmoren Sie die Spieße, bis das Hühnerfleisch gar ist. Drehen Sie dabei die Spieße, so dass alle Seiten gleichmäßig Farbe bekommen.

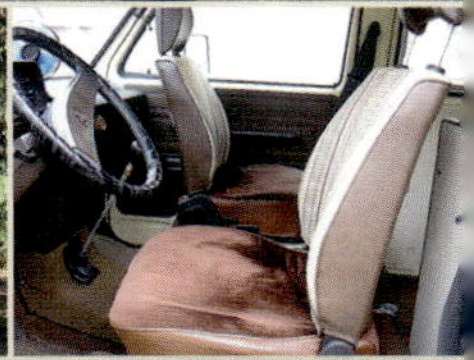

Westfalia-Modell T3, in England auch als T25 bekannt. In den USA und Kanada wird er Vanagon genannt. Diese Modelle wurden zwischen 1979 und 1992 gebaut.

Kofta Kebab

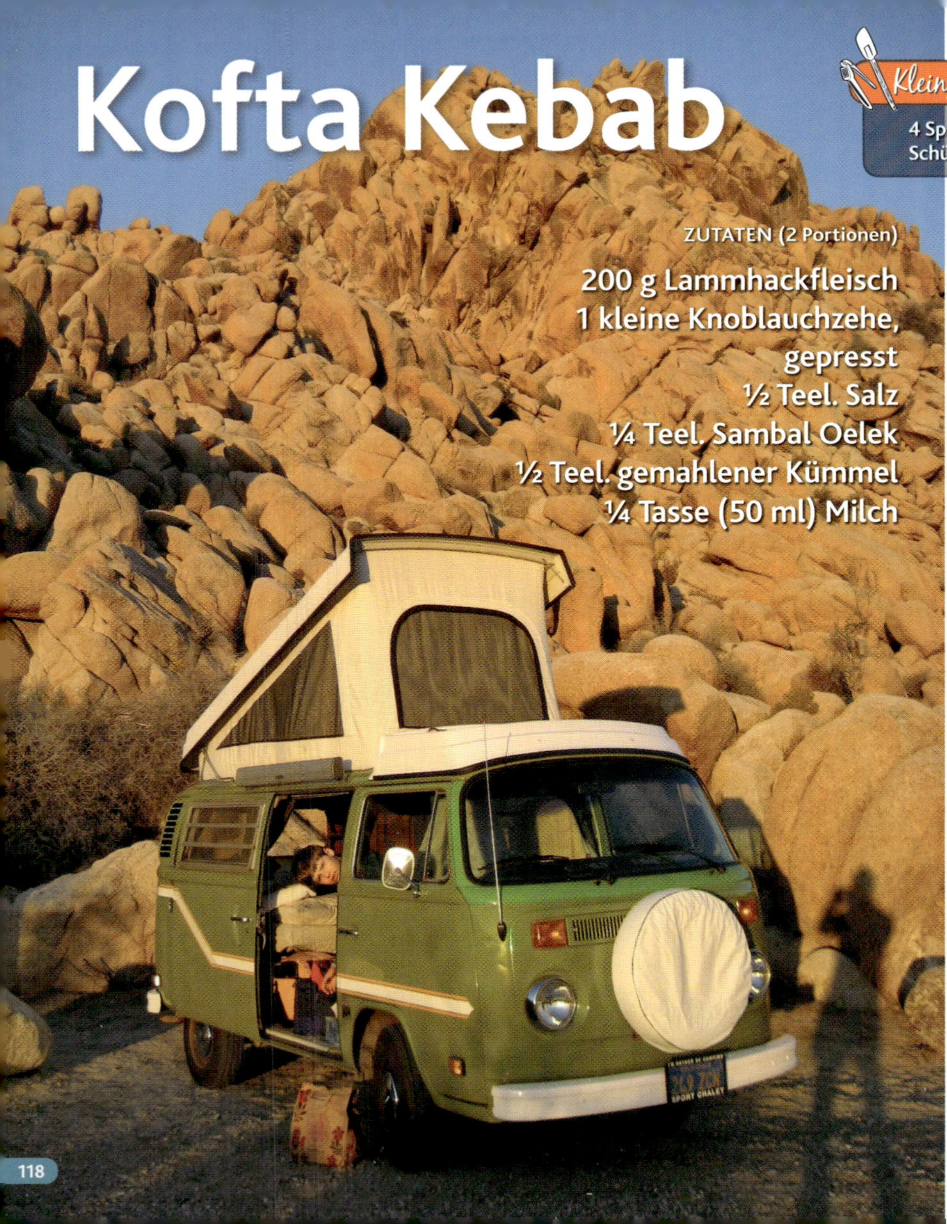

Kleingeräte

4 Spieße
Schüssel

ZUTATEN (2 Portionen)

200 g Lammhackfleisch
1 kleine Knoblauchzehe, gepresst
½ Teel. Salz
¼ Teel. Sambal Oelek
½ Teel. gemahlener Kümmel
¼ Tasse (50 ml) Milch

ZUBEREITUNG

Lassen Sie die Holzspieße in Wasser vorweichen. Mixen Sie in der Schüssel das Hackfleisch mit Knoblauch, Salz, Sambal Oelek, Kümmel und Milch. Formen Sie aus der Mischung vier Spieße. Grillen Sie diese ca. 8 Minuten. Drehen Sie die Spieße dabei häufig um. Servieren Sie dazu Couscous und Tzatziki. *(Seite 136)*

Der "Honu Li'u" Pop Top Westfalia von 1979

Hühnchen mit Honig & Pistazien

Kleingeräte

Alufolie

ZUTATEN (2 Portionen)

2 Hühnerbrüste
5 Essl. Honig
25 g Pistazien
Salz und Pfeffer

METHOD

Schälen Sie die Nüsse und hacken Sie sie grob. Schneiden Sie die Hühnerbrust von der dicken Seite her so auf, so dass sie die Form eines Schmetterlings bekommt.

Damit erfolgt das Garen schneller und gleichmäßiger. Würzen Sie die Hühnerbrust und grillen Sie diese von beiden Seiten fast gar. Ringeln Sie etwas Honig darüber und streuen Sie die Pistazien darauf.

Grillen Sie noch etwas länger, bis alles gar ist.

Servieren Sie mit Coleslaw *(Seite 139)*.

Martin Fothergills 23-Fenster Samba aus Österreich – Jahrgang 1959.

Heute extra auf dem BBQ-Menü

Hawaii-Burger

Kleingeräte

Grillzangen

ZUTATEN (2 Portionen)

2 Hamburger
4 Speckstreifen
2 Käsescheiben
1 Tomate in Scheiben
Einige Salatblätter
1 kleine Dose Ananas in Scheiben
Chili
2 Hamburger-Brötchen
Ketchup
Mayonnaise
Tomaten-/Ananas-Salsa *(Seite 138)*

ZUBEREITUNG

Grillen Sie die Hamburger auf dem Rost. Wenn die Hamburger fast gar sind, grillen Sie den Speck. Toasten Sie die Brötchen ein paar Sekunden auf dem Grill. Türmen Sie Ihren Hamburger auf und lassen Sie sichs schmecken!
...aber vergessen Sie die Soßen nicht!

Rippchen auf Malaysisch

Kleingeräte
Verschließbare Plastiktüte oder Schüssel

ZUTATEN (2 Portionen)

1-2 Hinterrippchen von Schwein

MARINADE:

5 Essl. dunkle, mittelstarke Pilz-Sojasoße
2 Essl. Austernsoße
½ Tasse (100 ml) brauner oder weißer Zucker
1 Teel. Pfeffer (schwarz oder weiß)
2 Essl. Sesamöl
eine Prise Salz

ZUBEREITUNG

Geben Sie das Fleisch in die Schüssel oder Plastiktüte und gießen Sie die Sojasoße darüber. Reiben Sie das Fleisch von allen Seiten mit der Soße ein. Geben Sie dann die restlichen Zutaten hinzu und mischen Sie so, dass das Fleisch damit bedeckt wird. Lassen Sie alles zum Marinieren mindestens zwei Stunden kalt stehen.

Steve Garzia aus Malta fährt diesen coolen VW Kombi von 1969, er gehört zum Club "Daz Maltese Kruisers".

Schweinekotelett mit Stilton und Kirschtomaten

Kleingeräte
Bratpfanne

ZUTATEN (2 Portionen)

2 große Schweinekoteletts
2 dicke Scheiben Stiltonkäse
Kirschtomaten
Salz und Pfeffer

ZUBEREITUNG

Das gelingt superleicht. Würzen Sie die Koteletts und grillen/braten Sie sie von beiden Seiten, bis sie gar sind. Legen Sie auf jedes Kotelett eine Scheibe Käse und garnieren Sie mit halbierten Kirschtomaten. Braten Sie weiter, bis der Käse schmilzt. Servieren Sie dazu Kartoffeln, Kartoffelbrei oder Kartoffelsalat.

Shane Raes Westfalia von 1971.

Scharf gegrillte Garnelen mit Lime

Kleingeräte

Spieße

ZUTATEN (2 Portionen)

- 8 große Garnelen
- 3 Limetten
- 2-3 Chilischoten
- 2 Knoblauchzehen
- ein kleines Stück Ingwerwurzel
- 1 kleine Zwiebel

ZUBEREITUNG

Pressen Sie den Limettensaft in eine verschließbare Plastiktüte, zusammen mit allen feingehackten Zutaten. Schälen und putzen Sie die Garnelen und legen Sie sie in die Marinade. Am besten schmeckts, wenn sie vor dem Grillen 2 Stunden mariniert werden. Spießen Sie die Garnelen auf. Grillen Sie sie auf oder unter dem Grill und wenden Sie sie dabei ein- bis zweimal, sie sollen am Ende undurchsichtig sein.

Jeff aus Malta mit einem Baywindow von 1973, mit alten Stossdämpfern und einem Dormobile-Aufbau.

Makrele vom Grill

ZUTATEN (2 Portionen)

2 ganze Makrelen
125 g (1/2 Tasse) Mandeln
Frische Kräuter wie z. B. Dill, Petersilie, Kerbel, Basilikum, Oregano, Koriander (hier passen alle)
Zitrone

ZUBEREITUNG

Schneiden Sie den Fisch längs auf und nehmen Sie die Innereien heraus, wenn das nicht schon getan wurde. Spülen Sie den Fisch von innen und außen unter fließendem Wasser ab. Also nächstes würzen Sie den Fisch. Machen Sie es rustikal – hacken Sie Zwiebel und Mandeln und schneiden Sie die Zitrone in grobe Stücke. Hacken Sie die Kräuter ein wenig und füllen Sie das Ganze in das Innere des Fisches. Träufeln Sie etwas Zitronensaft darüber und wickeln Sie den Fisch in Alufolie. Verschließen Sie das Paket und grillen Sie es auf dem Grill oder in der glühenden Asche.

Nach ca. 10-15 Minuten ist es Zeit, die Folie zu öffnen und nachzusehen, ob der Fisch gar ist.

Kleingeräte

Alufolie

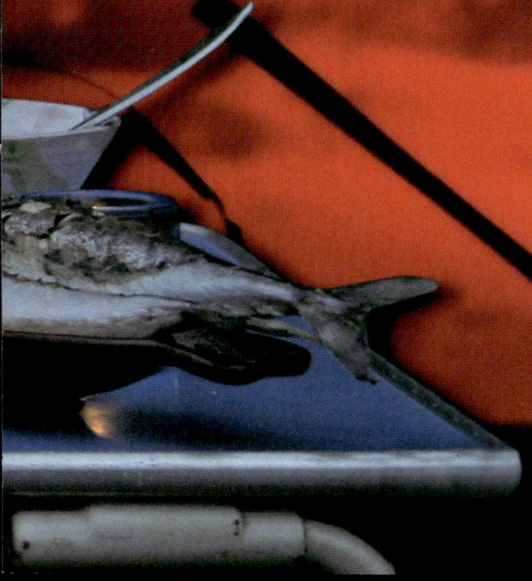

Der wenig gefahrene Baywindow "Fry" von 1968.
Lesen Sie mehr darüber auf www.fanofthevan.com

Warme BBQ-Soße

ZUTATEN (2 Portionen)

1 Zwiebel
2 Knoblauchzehen
1 Essl. Butter
½ Dose (200 g) gehackte Tomaten
1 Tasse (250 ml) Crème Fraiche
1 Teel. Paprika
1 Teel. Chilipulver
¾ Teel. Salz

KLEINGERÄTE

Schüssel
Kleiner Topf

ZUBEREITUNG

Schälen und schneiden Sie Zwiebel und Knoblauch und braten Sie diese mit den Kräutern in Butter. Lassen Sie die Flüssigkeit der gehackten Tomaten ablaufen. Geben Sie Tomaten, Crème Fraiche und Salz hinzu. Lassen Sie ein paar Minuten köcheln. Servieren Sie die Soße warm zu gegrilltem Rinder- oder Hühnerfleisch.

Süßsaure Soße

ZUTATEN (2 Portionen)

½ Tasse (100 ml) Orangensaft (oder Orange/Ananas)
¼ Tasse (50 ml) Essig
3 Teel. Tomatenmark
3 Essl. Ketchup
2 Teel. Zucker
etwas Öl

KLEINGERÄTE

Kleiner Topf

ZUBEREITUNG

Mixen Sie alle Zutaten miteinander. Kochen Sie auf und lassen Sie ungefähr 3 Minuten köcheln. Fertig zum Servieren.

Tikka-Barbeque Marinade

ZUTATEN (2 Portionen)

250 ml (1 Tasse) Joghurt
½ Teel. Chilipulver
2 Essl. Garam Masala
¼ Teel. Kurkuma
2 Teel. gemahlener Kümmel
2 Teel. gemahlener Koriander
2 Essl. Tomatenmark
2 Essl. Zitronen- oder Limettensaft

KLEINGERÄTE

Schüssel oder Zipp-Tüte

ZUBEREITUNG

Vermischen Sie alle Zutaten miteinander. Kann für Hühnerbrust, Keule oder Flügel benutzt werden. Machen Sie ein paar Schnitte in das Fleisch, damit die Marinade richtig zur Wirkung kommt. Verschließen Sie das Fleisch für mindestens 1-2 Stunden in einer Tüte.

Fleischmarinade BBQ

ZUTATEN (2 Portionen)

3 Essl. Öl
1 Teel. Orangensaft
1 Essl. Sojasoße
1 Teel. Honig
Kräuter Ihrer Wahl
Salz und Pfeffer

KLEINGERÄTE

Zwei Zipp-Tüten

ZUBEREITUNG

Diese Marinade wird am besten durch Mixen aller Zutaten in doppelten Zipp-Tüten zubereitet. Legen Sie die Steaks in die Tüte und schütteln Sie durch. Lassen Sie mindestens zwei Stunden marinieren.

Guacamole

ZUTATEN (2 Portionen)

1-2 Avocados
Limettensaft
Salz und Pfeffer

KLEINGERÄTE

Schüssel oder Zipp-Tüte

ZUBEREITUNG

Stampfen Sie die Zutaten zusammen, mit einer Gabel oder den Händen in einer Plastetüte.
- Das wars!
Wenn Sie die Original-Guacamole bereits kennen, können Sie auch gern Ihre eigenen Favoriten des südamerikanischen Klassikers erproben. Testen Sie dazu: Chilis, Knoblauch, Schwarzpfeffer, Koriander oder fein gehackte Zwiebel.

Bullis Salatdressing

ZUTATEN (2 Portionen)

6 Essl. Olivenöl
4 Essl. Balsamessig
1 Teel. getrockneter Oregano
Salz und Pfeffer nach Geschmack

KLEINGERÄTE

Kleine Schüssel
Schneebesen

ZUBEREITUNG

Mixen Sie die Zutaten zusammen und schmecken Sie ab. Lagern Sie das Dressing in einer kleinen Flasche.

Italienische Tomatensoße

ZUTATEN (2 Portionen)

3 Essl. Olivenöl
1 Zwiebel
1 Knoblauchzehe
1 Dose gehackte Tomaten
50 g Tomatenmark
¼ Tasse (50 ml) Wasser
½ Teel. Basilikum
½ Teel. Oregano
1 Teel. Zucker
1 Teel. Essig

KLEINGERÄTE

Kleiner Topf

ZUBEREITUNG

Hacken Sie die Zwiebel fein und pressen Sie den Knoblauch. Geben Sie Olivenöl hinzu und braten Sie alles ein paar Minuten weich. Rühren Sie Essig und Zucker und allmählich die restlichen Zutaten hinein. Rühren Sie während des Aufwärmens gut um. Legen Sie einen Deckel auf den Topf und lassen Sie auf mittlerer Hitze 20 min köcheln.

Rote Bete-Salat

ZUTATEN (2 Portionen)

4 kleine, junge rote Bete
Mayonnaise

KLEINGERÄTE

Kleiner Topf
Schüssel

ZUBEREITUNG

Kochen Sie die Rote Bete weich, je nach Größe ca. 30 Minuten. Schneiden Sie die Bete in kleine Streifchen. Geben Sie diese zusammen mit der Mayonnaise in eine Schüssel. Nur noch vermischen und servieren!

Blue Cheese-Dressing

Tzatziki

Blue Cheese-Dressing

ZUTATEN (2 Portionen)

¼ Tasse (50 ml) Mayonnaise
¼ Tasse (50 ml) saure Sahne
50 g Edelschimmelkäse
1 Knoblauchzehe
1-2 Essl. Milch
½ Teel. Worcestershire-Soße
eine Prise Schwarzpfeffer
Salz

KLEINGERÄTE

Schüssel

ZUBEREITUNG

Pressen Sie den Knoblauch und zerkrümeln Sie den Käse. Mixen Sie alle Zutaten in einer kleinen Rührschüssel. Lassen Sie das Dressing vor dem Servieren ca. 15 Minuten ruhen.

Tzatziki

ZUTATEN (2 Portionen)

¼ Tasse (125 ml) griechischer Joghurt
1 Gurke
2 Knoblauchzehen
Salz und Pfeffer

KLEINGERÄTE

Reibeisen
Schüssel

ZUBEREITUNG

Raspeln Sie die gesamte Gurke. Drücken Sie das Wasser heraus, so gut es geht. Geben Sie einen Teelöffel Salz hinzu (Salz entwässert recht gut) und drücken Sie noch etwas mehr Wasser heraus. Geben Sie die geraspelte Gurke in eine Rührschüssel. Geben Sie den Joghurt und den gepressten Knoblauch hinzu. Würzen Sie mit Salz und Pfeffer. Passt hervorragend mit gegrilltem Fleisch oder einfach nur als Dip.

Sauerrahm-Dip

ZUTATEN (2 Portionen)

½ Tasse Sauerrahm
1 Essl. Orangensaft
½ Teel. Chilipulver
½ Teel. gemahlener Koriander
½ Teel. gemahlener Kümmel

KLEINGERÄTE

Schüssel

ZUBEREITUNG

Vermischen Sie alle Zutaten miteinander.

Süßsaurer Sahne-Dip

ZUTATEN (2 Portionen)

½ Tasse Sauerrahm
1 Teel. Honig
1 Teel. gemahlener Zimt

KLEINGERÄTE

Schüssel

ZUBEREITUNG

Eignet sich als Dip oder Dressing für Früchte und Salate.

Tomatensalsa mit Ananas-Geschmack

ZUTATEN (2 Portionen)

1 Dose (400 g) gehackte Tomaten
1 kleine Dose Ananas
1 frische Chili
1 Essl. Tomatenmark
1 Knoblauchzehe
1 Teel. Zucker
Salz und Pfeffer

KLEINGERÄTE

Schüssel

ZUBEREITUNG

Lassen Sie die gehackten Tomaten ablaufen. Mischen Sie das Tomatenmark darunter. Hacken Sie die Chili fein und zerdrücken Sie den Knoblauch. Geben Sie Chili, Knoblauch und Zucker zum Tomatenmix. Würzen Sie mit Salz und Pfeffer. Schneiden Sie die Ananas in kleine Stücke und rühren Sie sie in die Salsa. Fertig!

Erdnuss-Soße

ZUTATEN (2 Portionen)

1 Dose Kokosmilch
½ Tasse Erdnussbutter (mit Stückchen)
1 frische Chili

KLEINGERÄTE

Kleiner Topf

ZUBEREITUNG

Hacken Sie die Chili fein. Geben Sie alle Zutaten in eine Pfanne. Kochen Sie den Mix auf und rühren Sie ein paar Minuten. Servieren Sie die Soße kalt oder warm.

Coleslaw

ZUTATEN (2 Portionen)

1 große Zwiebel
2 Möhren
¼ kleines Weißkraut
Salz und Pfeffer
Mayonnaise

KLEINGERÄTE

Schüssel
Reibeisen

ZUBEREITUNG

Raspeln Sie die Karotten. Schneiden Sie Möhren und Kohl in Streifen. Würzen Sie und geben Sie soviel Mayonnaise dazu, bis alles gerade bedeckt wird.

Süßspeisen

Archäologen haben es nun unweigerlich herausgefunden: Eine höhere Zivilisation gab es schon vor uns. Deren Fahrzeuge hatten einen souveränen Stil und machten das Herbeizaubern einen Schokokuchens fast überall möglich.

Bullis Schokokuchen

Kleingeräte

Teflonpfanne mit Deckel

ZUTATEN (2 Portionen)

50 g Butter
½ Tasse (125 ml) Zucker
¼ Tasse (75 ml) Mehl
1 ½ Essl. Kakao
wahlfrei dazu: ein paar Tropfen Vanillearoma
1 Ei

ZUBEREITUNG

Nehmen Sie die größte, verfügbare Pfanne mit dickem Boden. Schmelzen Sie die Butter darin. Nehmen Sie sie vom Herd und geben Sie alle Zutaten außer dem Ei hinein. Rühren Sie um und geben Sie dann das Ei dazu. Rühren Sie dabei nicht so energisch, dass das Ei gerinnt. Stellen Sie die Pfanne zurück auf geringe Wärme und lassen Sie unter dem Deckel ca. 10 Minuten backen (nicht rühren). Prüfen Sie nach ca. 5 Minuten, dass der Kuchen nicht anbrennt. Der Kuchen ist fertig, wenn er in der Mitte locker und obendrauf teigig ist. Servieren Sie mit Sprüh- oder Schlagsahne.

Pauls Westfalia von 1958 hatte so seltene Extraausstattung wie Propan-Kühlschrank, Holzfussboden und Toilette.

Gegrillte Bananen

Kleingeräte

Lagerfeuer/BBQ
Alufolie
Grillzangen

ZUTATEN (2 Portionen)

2 Bananen
Marshmallows
Schokolade
(am besten Zartbitter)

ZUBEREITUNG

Lassen Sie vorerst die Schale daran, machen Sie eine V-förmige Vertiefung längs der Oberfläche und nehmen Sie dieses Fruchtfleisch heraus. Ersetzen Sie die Stelle mit Marshmallows und Schokolade, so dass die Banane gut gefüllt wird. Rollen Sie sie in Alufolie ein und platzieren Sie das Paket auf dem Lagerfeuer oder BBQ. Grillen Sie von jeder Seite ca. 5 Minuten. Nehmen Sie die Päckchen mit der Zange heraus. Folie zurückrollen und Guten Appetit!

Probieren Sie verschiedene Schokosorten und finden Sie Ihren Favoriten dabei. Gut zu Banane passt Snickers, Bounty oder Toblerone.

Pfannkuchen

ZUTATEN (2 Portionen)

1 Ei
1 Tasse (250 ml) Mehl
1 ¾ Tassen (400 ml) Milch
eine Prise Salz
etwas Butter oder Öl zum Braten

Kleingeräte

Bratpfanne
Schüssel

ZUBEREITUNG

Schlagen Sie das Ei in die Schüssel. Geben Sie die Hälfte der Milch hinzu. Geben Sie beim Mixen nach und nach das Mehl hinzu. Geben Sie die restliche Milch hinzu und mixen Sie, bis keine Klumpen mehr zu sehen sind. Geben Sie eine Prise Salz und ein paar Tropfen Öl bzw. geschmolzene Butter hinzu.

Heizen Sie Ihre Bratpfanne richtig stark auf. Schmelzen ein wenig Butter darin, dass gerade die Pfanne damit bedeckt wird. Schütteln Sie eventuell die Pfanne, um die Masse besser zu verteilen. Braten Sie wenige Minuten oder bis die Oberfläche fest wird. Dann ist es Zeit zum Wenden oder einem Flip in der Luft – je nachdem, was Sie sich zutrauen. Was dazu gut passt: Zucker und Zitrone, vielleicht haben Sie aber auch etwas Marmelade, Sahne, Schokosoße oder Blaubeeren.

Ein Splitscreen Bulli von 1963 aus Australien.

Toast auf französisch

Kleingeräte
Bratpfanne
Schüssel

ZUTATEN (2 Portionen)

2 Eier
eine Prise Salz
½ Teel. Zucker
½ Teel. Zimt
1 Tasse (250 ml) Milch
6 Scheiben Weißbrot
Butter oder Öl

ZUBEREITUNG

Schlagen Sie die Eier in eine Schüssel. Schlagen Sie sie leicht mit einer Gabel. Rühren Sie Milch, Salz, Zucker und Zimt hinein. Geben Sie etwas Öl oder Butter in die Bratpfanne und heizen Sie diese auf. Indessen weichen Sie die Brote von beiden Seiten ein paar Sekunden in den Eiermix ein.

Weichen Sie nur so viele Stücke ein, wie gleichzeitig gebraten werden können. Sind sie goldbraun geworden, werden sie einmal gewendet. Sie sollten vor dem Verzehr gut durchgebraten sein. Servieren Sie dazu Fruchtjoghurt und frische Beeren.

Safari Regeln! Und so machen Markus und Lotta Safari in ihrem späten, pastellblauen Doppeltür-Bulli mit passendem Wohnmobil.

Heiße Äpfel mit Zimt

Kleingeräte
Kleiner Topf

ZUTATEN (2 Portionen)

2 Äpfel
4 Essl. Zucker
2 Essl. Zimt
25 g Butter

ZUBEREITUNG

Schälen und vierteln Sie die Äpfel. Schmelzen Sie die Butter in einer Soßenpfanne auf mittlerer Hitze. Geben Sie Zucker hinzu und braten Sie ein paar Minuten, geben Sie dann die Apfelstücke hinzu und rühren Sie um. Braten Sie sie ein paar Minuten weich, bei Bedarf können Sie etwas Wasser hinzugeben. Sind die Äpfel weich, streuen Sie etwas Zimt darüber und servieren sofort – am besten mit etwas Sahne.

George Horningtons Fleetline von 1975 stammt aus Südafrika.

“Die Zimtäpfel lassen sich prima einfrieren und das nächste Mal in der Kühlbox mitnehmen”

Reispudding

Kleingeräte
Kleiner Topf

ZUTATEN (2 Portionen)

160 g langkörniger Reis
3 Tassen (700 ml) Milch
Saft von einer Zitrone
1 Teel. Zimt

ZUBEREITUNG

Bringen Sie Reis, Milch, Zimt und Zitronensaft in einem Topf zum Kochen. Senken Sie die Hitze und lassen Sie alles ca. 25 Minuten köcheln. Bei Bedarf können Sie noch etwas Milch hinzugeben. Der Reis sollte sehr weich sein und die Flüssigkeit verkocht. Servieren können Sie das Gericht mit einem Spritzer Zitrone oder einem Klecks Marmelade.

Früher Standard Splitscreen aus Finnland.

Popcorn vom Lagerfeuer

Kleingeräte

1 Alu-Einmalver-
packung

ZUTATEN (2 Portionen)

etwas Popcorn-Mais
1 Teel. Öl
Würzen je nach Geschmack mit Zucker oder Salz

ZUBEREITUNG

Benutzen Sie eine Alu-Verpackung von der Art, wie Sie sie beim Take-away bekommen. Geben Sie einen Teelöffel Pflanzenöl in die Verpackung und darauf ein Lager Popcorn-Mais. Drücken Sie den Deckel fest und biegen Sie die Kanten gut um. Legen Sie die Verpackung so lange auf Ihr Lagerfeuer/Grill, bis die letzten Knaller verpufft sind. Sie können etwas mehr „Dampf" machen, indem Sie ins Feuer blasen, das erhöht die Temperatur. Schütteln Sie gelegentlich durch und seien Sie vorsichtig beim Öffnen. Würzen Sie mit Salz oder etwas Süßungsmittel.

Das ist Phil Dodsworths Splitscreen Samba, importiert aus Oregon, USA. Ihm ist es unter anderem gelungen, auf Automatik und von Links- auf Rechtslenkung umzurüsten.

Gebrannte Mandeln

Kleingeräte

Schüssel
1 Alu-Einmalverpackung

Ein '79er Moonraker aus Devon, Eigentümer: John Melling

ZUTATEN (2 Portionen)

1 Eiweiß
1 Tasse blanchierte Mandeln
½ Tasse (125 ml) Streuzucker
1 ½ Teel. gemahlener Zimt
eine Prise Salz
1 Essl. Butter (geschmolzen)

ZUBEREITUNG

Schlagen Sie das Eiweiß in einer kleinen Schüssel schaumig. Geben Sie die Mandeln hinzu, so dass sie komplett bedeckt sind. Nehmen Sie übrig gebliebenes Eiweiß von demn Mandeln beiseite.

Mixen Sie in einer anderen Schüssel Zucker, Zimt und Salz. Geben Sie die abgetropften Mandeln hinzu und bedecken Sie sie von allen Seiten.

Breiten Sie die Nüsse in einer Take-away-Verpackung gut aus. Platzieren Sie die Pfanne in der Mitte der Grillfläche. Rösten Sie die Mandeln 14-16 Minuten und drehen Sie sie nach der halben Zeit um. Wenn Ihre Nüsse dunkelbraun geworden sind, pinseln Sie von allen Seiten etwas Butter darüber. Lassen Sie sie vor dem Servieren abkühlen.

Heiße, weiße Schokolade

Kleingeräte
Kleiner Topf

ZUTATEN (2 Portionen)

¾ Tasse weiße Backschokolade, gehackt oder gerieben
3 Tassen (750 ml) Milch
1 Teel. Zimt
1 Essl. Vanille
Schlagsahne

ZUBEREITUNG

Erhitzen Sie Milch, Zimt und weiße Schokolade in einem Soßentopf, bis die Schokolade schmilzt. Geben Sie Vanille hinzu. Servieren Sie das Getränk mit Schlagsahne darüber. Zuckersüß!

Wie geschaffen für einen Ausflug an solch kalten Wintertagen!

WEIHNACHTEN MAL ANDERS:

Bauen Sie sich Ihren Pfefferkuchen-Bulli

Kleingeräte

Nudelholz
Backofen

ZUTATEN

1 ½ Tassen (300 ml) Zucker
1 Tasse (250 ml) helles oder dunkles Sirup
100 g Butter
1 Essl. gemahlener Zimt
1 Essl. gemahlener Ingwer
1 Essl. gemahlene Gewürznelken
1 ½ Tassen (300 ml) Milch
1 Essl. Backpulver
ungefähr 1 kg Mehl

WAS SIE AM VORTAGE TUN:

Mixen Sie Zucker, Sirup und Butter in einer Soßenpfanne. Bringen Sie alles zum Schmelzen. Geben Sie die Gewürze und die Milch hinzu und stellen Sie alles zum Abkühlen beiseite. Mischen Sie Mehl und Backpulver in einer Schüssel. Geben Sie die abgekühlte Butter mit den Gewürzen und der Milch hinzu und formen Sie daraus einen schönen, griffigen Teig. Schlagen Sie den Teig in Plastikfolie ein und lassen Sie ihn über Nacht im Kühlschrank.

Und nun der Zusammenbau: Karamellisieren Sie etwas Zucker in einer Bratpfanne. Lassen Sie den Zucker nur ganz leicht bräunen – Vorsicht, er kann ganz schnell verbrennen. Dippen Sie die gebackenen Teile in den flüssigen Zucker und drücken Sie sie schnell aneinander. Aufpassen auf die Finger! Das kann richtig heiß werden und auf der Haut schmerzen wie Napalm.

Dekorieren Sie mit Zuckerguss, süßen Perlen oder was auch immer Sie mögen. Wir haben uns für Lakritze-Räder und ein Dach voller Smarties entschieden.

1

Legen Sie die Teile auf Backpapier. Die Vorlagen können Sie von vwcampercookbook.com herunterladen.

2

Heizen Sie den Herd auf 175 °C vor. Arbeiten Sie den Teig geschmeidig und rollen Sie ihn auf etwas Mehl 2-3 mm dick aus.

3

Legen Sie die Vorlagen auf den Teig und schneiden Sie rund herum.

4

Backen Sie kleine Teile 5-7 min und größere Teile 10-15 min.

Weitere Tipps finden Sie auf www.vwcampercookbook.com

Index